JN070373

これからの
時代の
幸せな
生き方

蓮池林太郎 著

セルバ出版

はじめに

太古の昔の狩猟社会では、人間は、集団で移動生活をして、動物を狩り、植物を採集していました。農耕技術が普及し、狩猟社会から農業社会となり、人間は、村に定住して、田畑を耕して働くようになりました。

産業革命が起こり、農業社会から工業社会となり、人間は、工場の周辺に住み、工場で機械を使って働くようになりました。

工業社会から情報社会に移行しつつある現在、人間の代わりにＡＩが工場で機械を使って働き、人間は徐々に働かなくなってきている方向性にあります。

狩猟社会から遺伝子は変わっていませんが、狩猟社会から農業社会、農業社会から工業社会に移行するごとに、情報伝達の流れが変わることにより、人々の価値観も変わり、人間の生き方を変えてきました。

工業社会から情報社会へ移行しつつある中で、これからの時代をどのような価値観で、どのように生きていけば、私たちは幸せに生きていけるのでしょうか？

幸せな生き方については、心理学や経済学など様々な切り口がありますが、本書では、テクノロジーの進化による社会の変化、社会学の観点から、人間の幸せな生き方について書くことにしました。

なぜ、今回、これからの時代の幸せな生き方についての本を書くことを決めたかというと、私自身、これまで、「1度しかないであろう人生を、どのようにして生きていけばいいのか」というテーマに、悩み考え続けて生きてきたからです。

情報社会に適した価値観や生き方を知ることにより、私は幸せに生きていけるようになりました。より多くの人に、「これからの時代の幸せな生き方を知ってもらいたい」という思いから、今この原稿を著しています。

今までの社会の常識とは異なる内容も多いかもしれませんが、これからの時代を幸せに生きていくにはどうしたらいいのか、今の生き方に悩んでいる方のお役に少しでも立てれば幸いです。

2020年9月

新宿駅前クリニック院長　蓮池　林太郎

これからの時代の幸せな生き方　目次

第5章　人とのかかわりで幸せを感じる

第6章　情報社会を幸せに生きていく

第1章　幸せはどこにあるのか

1　幸せをつくる2つの要因

幸せが持続する薬はない

「毎日を幸せに生きていきたい」―生きていく上で、誰もがそう願っていることでしょう。幸せや不幸せは、どういう状態であるかはっきりと明言することは難しいですが、ある幸せになる行動をしても、幸せな脳内物質は時間と共に消えてしまいます。逆に、ある不幸せになる行動をしても、不幸せな脳内物質は時間と共に消えてしまいます。

幸せも不幸せも、脳内物質に起因しているのは同じですが、明確に異なる部分もあります。それは、癌や精神など心身の不安や苦しみを軽減させ、長時間不幸せな状態から解放してくれる薬はありますが、健康的に長時間幸せな状態にしてくれる薬は、開発されていないということです。

当たり前といえば当たり前の話かもしれませんが、同じ脳内の物質からできている幸せと不幸せですから、幸せだけ持続させてくれる薬がないのは不思議な気もします。

幸せを左右する遺伝子と価値観

幸せという曖昧で抽象的になりがちな存在を、より具体化してあなたのイメージの中に形成してもらうため、できるだけ精神の話に寄らず、具体的かつ体系的に、幸せに関する話題を進めていきましょう。

その第一段階として、まずは幸せに影響を与えている2つの要因、「遺伝子」と「価値観」について触れていきましょう。

遺伝子とは、ここでは専門的な話は控えますが、要するに親から子へ受け継がれる情報の列のことです。体の設計図とも呼ばれ、この情報を元に、性別や髪の色といった体の特徴や、身体能力や芸術の才能といった体質がある程度決まります。

「ある程度」としたのは、体の特徴や体質は生まれながらの遺伝子情報だけで決まるものではなく、育ってきた環境によっても変わってくるからです。その人の人生が遺伝子によってすべて決まってしまうなんてことは絶対にあり得ません。

しかし、人を形づくるものには、遺伝子の影響を受けやすいものがたくさんあります。医療の領域であれば、遺伝子によってなりやすい病気となりにくい病気がありますし、薬が効きやすいかどうかも遺伝子の影響が受けやすいことがわかっています。

この遺伝子によって、私たちの幸せの感じ方も、少なからず決まってしまう傾向にあります。だからといって、「自分の幸せは生まれる瞬間から決まっていたのか」ととらえてほしいわけではありません。

遺伝子がどのようにして幸せに影響を与えているのかの話については、本章で後ほど詳しく説明します。

もう1つの幸せの要因が「価値観」です。価値観とは、あらゆる物や事象に対する各人のとらえ方や考え方であり、それぞれが「人生において何を重視しているのか」を表現している観点です。

価値観と幸せがどのような結びつきをしているのかについても、本章で後ほど詳しく説明しますが、これを知ることで「自分の幸せがどこにあるのか」「幸せな人生を送るにはどうすればいいのか」の重大なヒントを得ることができることでしょう。

生まれながらに持つ遺伝子と、生まれた後に形成されていく価値観。この2つが、私たちの幸せを左右する重大な要因となります（図表1参照）。

【図表１　幸せの大きな要因となる遺伝子と価値観】

いつか幸せになる物質が開発される？

冒頭で、「健康的に長時間幸せになれる薬はない」と述べましたが、将来的には、人間が幸せに生きていくために、幸せになる物質を脳に注入して、健康を害することなく、毎日何もしていなくても幸せに生きていけるようになる日がやって来るかもしれません。

それが倫理や社会の側面からいいことなのかどうかは

別として、薬で持続する幸せを手に入れられる時代が到来する可能性もあるということです。

賛否両論はあるかもしれませんが、これも最終的な人類のあるべき姿の1つかもしれません。

幸せを持続させるためには、「あなたの幸せとは何か」を解き明かしていくことは欠かせません。

それでは、これより、幸せの定義、遺伝子や価値観について、わかりやすく説明していきます。

2　幸せを定義してみよう

快感と苦痛

幸せや不幸せといわれて抱くイメージは、人それぞれであり、両者は非常に抽象的な存在です。ただ、幸せと不幸せの意味をぼやけたままにしてしまうと、本書全体に書かれる幸せや不幸せについて、確かな感触を得られないまま読み終えることにもなりかねません。

そこで、まずは、イメージがぼやけがちな幸せと不幸せを、はっきり定義させておきましょう。そのほうがより本書からたくさんの気づきや発見を得られ、あなたにとっての幸せに生きる方法が見出しやすくなるはずです。

ただし、ここでする定義というのは、あくまで本書内をスムーズに読み進めていただく目的のものであり、すべての人たちにとっての「共通の理念」として押しつけるものではありません。あくまで「本書内における定義」であることを了承の上、この先へ進んでください。

【図表２　幸せと不幸せ】

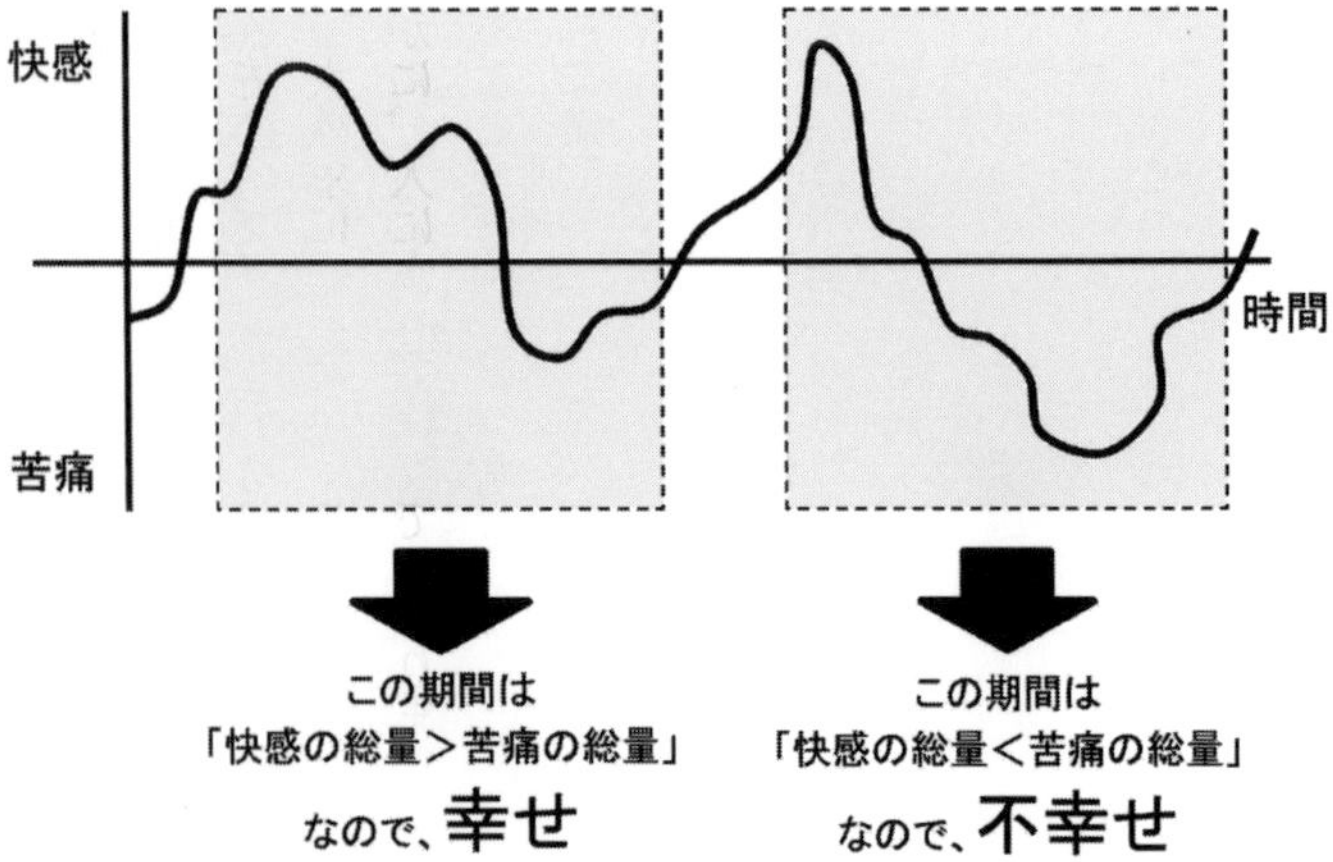
快感
苦痛
時間
この期間は
「快感の総量＞苦痛の総量」
なので、幸せ
この期間は
「快感の総量＜苦痛の総量」
なので、不幸せ

幸せか不幸せかは、一定の期間における快感と苦痛の総和によって決まります。一時的に大きな快感を得たとしても、トータルして苦痛のほうが上回っていたら、その期間は不幸せということになります。

まず、私たちは、普段、様々な出来事を通して「快感」と「苦痛」を得ています。人生は、快感と苦痛の連続であり、トータルでどれだけ快感であったか、もしくは苦痛であったかで、幸せや不幸せの度合いは決まってくると考えることができます。

そこで、この快感と苦痛の観点から、幸せと不幸せを次のように定義しましょう。

ある一定の期間において、快感が苦痛を上回っていたのなら幸せ。

ある一定の期間において、苦痛が快感を上回っていたのなら不幸せ。

言葉だけではイメージがわからないかもしれないので、図表2も参考にしてください。

快感の過大評価に気をつけよう

快感と苦痛について補足しておきましょ

う。今後、本書で度々登場する話題になります。

快感と苦痛の共通している特徴は、どちらも短い期間で与えられる感情であり、非常に流動的であるということです。私たちの1日は、快感と苦痛の折重ねであり、常に状態が変化しています。

快感を与えてくれるものは、空腹を満たすことや心地よい睡眠を得ることや性欲を満たすことなど、三大欲求に紐づいているものが代表的です。

ほかに、人によって様々ではありますが、高級な料理を食べることや、高価な服や装飾品を身につけること、高価な車や家を買うことも、快感を与えてくれるものになりますが、幸せだと感じる脳内物質が出る期間は短期間になりがちです。飲酒や喫煙、ギャンブルをするのも、一時的な快感を与えてくれるものに該当するでしょう。

ここで大切なこととして、これら快感を得るために、私たちは快感の反対にある苦痛も経験する可能性があるということです。

例えば、高価な車を買うためには、たくさんのお金を稼がないといけません。たくさんのお金を稼ぐには、相応に稼ぎのいい仕事をしなければいけないことでしょう。この稼ぐための仕事に苦痛が伴うのであれば、苦痛を代償として快感を得ていることになります。

日常、私たちは意外と見落としがちですが、快感を追い求めるばかりに、大きな苦痛を被ることになり、苦痛が快感を上回り、トータルで不幸せな生き方を選んでしまうことがあります。

これは、短期間の幸せを与えてくれる快感というものが、過大評価されることから起きてしまう悲劇だといえます。

依存症が問題とされるギャンブルやドラッグ、アルコールやタバコも、その行為で得られる快感が過大評価されている例といえるでしょう。快感を求めるばかりに、これらの行為を繰り返した反動として、借金苦や健康被害といった、甚大な苦痛が待ち受けていることを忘れてはいけないのです。

快感は、あくまで一時的な効能であり、長続きしません。そして、多くの快感の裏には、苦痛が潜んでいることも踏まえておくべきでしょう。

一瞬だけ大きく振れてくれる快感には、その裏に大きな苦痛という代償が待ち受けていることが多々あります。

長期間の幸せは「体験」が与えてくれる

快感を得られる体験をし、記憶することで、私たちはことあるごとにその体験を思い出すことができ、体験した当時ほどではないまでも、ある程度の快感を得ることができます。これは私たちに継続的な幸せをもたらしてくれます。

もちろん、逆もまた然りで、苦痛を得る体験が記憶されれば、振り返る度に苦痛も思い出すことになり、不幸せな状態に陥りやすくなってしまいます。

例えば、「親友や友達と仲よくする」「結婚する」「子どもが生まれる」「孫たちと遊ぶ」といった体験は、素敵な思い出として刻まれ、思い出す度に幸せをもたらしてくれます。反対に、「親友や友達との仲が悪くなる」「大切な人が亡くなる」といった体験は、長きに渡って不幸せを与える要因となってしまうことでしょう。

要するに、長く幸せの状態に浸りたいのであれば、快感が得られ、深く記憶に刻まれる体験をしていけばいいのです。親友や友達と仲よくして快感を得たければ人間関係を構築する行動を起こし、結婚したいのであれば相手探しを始めましょう。

もちろん、人によって快感となる体験は異なりますので、これらは単なる1例に過ぎません。あなたにとっての幸せが何なのであるかを明確にした上で、具体的な行動計画を立てる必要があります。

あなたにとっての幸せを明確化する方法は、非常に大切なことであり、本書で伝えたい大きなテーマの1つになります。次章以降で詳しく説明していくので、ひとまず現段階では、「一時的な快感ではなく、長期間の幸せが得られる体験を求める生き方」が重要であることを押えておいてください。

幸せ体験を思い出にする

高級で美味しい食事をすることは、確かに快感をもたらしてくれます。しかし、それは一時的なものであり、しばらくすると快感はどこかへ消え去ってしまいます。もし、もう1度同じ食事にありつきたいのであれば、場合によっては、お金を稼ぐため、嫌な仕事に精を出すという苦痛を味わう必要が出てくるかもしれません。

しかし、これが、親友や家族とする誕生日や喜ばしい出来事のお祝いのための食事だったらいかがでしょうか。食事の味そのものが幸せを生み出すだけでなく、かけがえのない時間が幸せを生み出してくれます。そして、その幸せは、長期間記憶の中に刻まれ、しかも苦痛を伴うことなく、思い出す度に繰返し快感を与えてくれるのです。

幸せと不幸せ、そして快感と苦痛の意味合いが共有できたところで、続いて幸せの要因について話を進めていきましょう。

3　幸せが長続きしないのは遺伝子に組み込まれているから

狩猟社会に最適化された遺伝子

幸せには大きな2つの要因、「遺伝子」と「価値観」がかかわってくると前述しました。ここでは、前者の遺伝子について、詳しく解説していきます。

私たちは、幸せを求めるようにできていますが、基本、幸せが長続きするようにはできていません。なぜ、常に幸せであるようにつくられていないかというと、私たちの身体は「狩猟社会に最適化された遺伝子」でできているからです。

人類は、農業や工業などを取り入れて生活を豊かにしてきましたが、太古の狩猟社会以来、遺伝子は変わっていません。この狩猟社会の遺伝子は、動物と同じ行動原理で機能していて、快感を求め苦痛を避けて生きることが基本ルールとなっています。

お腹が空いたら空腹という苦痛を感じて、食欲を満たすために狩りへ出かけていました。自分よりも強い動物に遭遇したら、命の危険から恐怖という苦痛を感じ、逃げるという行動を選択していました。そして、獲物を仕留めたら、家族とご飯を食べて空腹を満たし、眠たくなったら寝ることで、快感を得ていました。また、起きるとお腹が空いて、苦痛を避けるために狩りへ出かけて行ったのです。

このように、求める快感は一時的なものであり、苦痛を避けるために行動することが遺伝子にプログラムされています。

もし、快感を得られる脳内物質が長続きしてしまったら、狩猟社会ではどのような未来が待っているでしょうか。お腹が空いても狩りへ出かけず、強い動物が近づいてきても逃げない行動を選択していたかもしれません。これでは命がいくつあっても足りないことでしょう。

もしかしたら、このように「能天気」な人種もいたかもしれません。しかし、彼らは、おそらく弱肉強食の社会の中で自然と淘汰されていったことでしょう。常に快感に満たされた生活を送っていたら、生き残れるわけがないのです。快感を求め、苦痛を避けてきた人種だけが、狩猟社会に最適化された遺伝子として生き残ってきたのです。

そのようにして人類の遺伝子は脈々と受け継がれてきました。したがって、今生きている私たち人類の遺伝子も、狩猟社会で生き残るように設計されています。なるべく快感は長続きせず、苦痛を避けるために行動をするようプログラムされているのです。

「ずれている」から生きづらい

われわれ人間は、狩猟社会に最適化された遺伝子で情報社会を生きています。わざわざ命の危険を冒してまで狩りへ出かける必要はありません。空腹になったら、近くのお店で何か買ったり、家にあるもので調理して食べればいいのです。すぐ近くに人間を捕食する恐ろしい動物がいる地域も、日本ではごくごくわずか。常に命の危険に脅かされている人などまずいません。

情報社会で生きるために必要なものと、狩猟社会に最適化された遺伝子が必要としてるものには「ずれ」があります。ずれているから生きづらいわけで、決してこの情報社会そのものが、生きにくい世の中だというわけではないことを、私たちは知っておくべきなのです。

世の中は、次から次へと便利なものが開発され、私たちが被る苦痛は減り、快感を得られる機会は増えています。それなのになぜ、幸せの度合いが増えないのか。

それは、いくら世の中が便利で素晴らしいものになっても、持って生まれた遺伝子情報を変えることができないから。

私が、幸せを語る上で遺伝子の話は外せないと申し上げたのは、以上のような理由があるからです。引き続き、遺伝子と幸せの関係性について、もう少しだけ話を深めていきましょう。

4 遺伝子に依存する幸福度

楽観な人、悲観な人

人がどのようなことに幸せを感じ、どのようなことに不幸せを感じるかは、原始時代の太古から、遺伝子に刻み込まれています。

この事実をさらに深く考察していくことで、私たちそれぞれの幸せに対する「感度の違い」を説明します。すなわち、幸せを感じやすかったり、幸せを感じにくかったり、人によって幸福度が違っている理由についての話題です。

現代の世論においては、「生まれたときは平等で、誰もがゼロからのスタートであり、成人すれば自分が幸せか不幸せかは、自己責任である」という前提で語られる傾向にあります。しかし、科学の発達により、持って生まれた遺伝子により幸せの尺度は異なり、「幸せを感じやすい」遺伝子を持つ生きやすい人と、「幸せを感じにくい」遺伝子を持つ生きにくい人がいることもわかってきました。

例えば、温暖で食糧が潤沢な南国の地域に住む人は、元来から楽観的で幸せを感じやすい遺伝子を持っているといわれています。対して、寒冷で食糧が乏しい北国の地域に住む人は、悲観的で幸せを感じにくい遺伝子を受け継いでいるといわれています。

なぜ、このような違いが生まれるかというと、簡単にいってしまえば、南国は楽観的な遺伝子でも生き残ることができましたが、北国は楽観的な遺伝子では厳しい冬を乗り越えることができず、生き残っていく上では悲観的な遺伝子が欠かせなかったのです。

よって、寒冷な地域の人ほど、比較的悲観的な思考に陥りやすく、幸せを感じにくい遺伝子を持っている傾向となっているようです。

楽観的な人は南国生まれ、悲観的な人は北国生まれ、というような断定をすることはできませんが、遺伝子レベルで生まれながらに幸せを感じやすい人、幸せを感じにくい人がいるということです。

もちろん、生まれた後の生活環境、親や学校の教育、親友や友達の影響によっても、幸せの尺度は変わっていくものではありますが、幸せを感じる源は遺伝子が握っています。

自分を追い込まないことが幸せへの第一歩

楽観的な人のほうが悲観的な人よりも幸せなのはいうまでもないことでしょう。苦痛を感じる出来事（刺激）があったとして、楽観的な人はその苦痛を1ととらえるのに対し、悲観的な人は3ととらえたとしたら、長期的に見て悲観的な人のほうが不幸を抱えて過ごすことが多くなります。

「あの人は幸せそうに生きているのに、何で自分は幸せじゃないんだろう」。他人の幸福をうらやみ、自分の不幸を呪う人がいますが、この幸福度の差というのは、生活環境や経済状況などに起因するだけではなく、遺伝子に依存している部分が大きいわけです。同じ生き方をしていても、幸せに感じる人とそうでない人がいるものなのです。

住んでいる場所に関係なく、食べ物に困ることの少なくなった現代の日本においては、幸せを感じやすい人のほうが、長期的な幸せを得やすいかもしれません。これは、地域別の幸福度にもあらわれていることで、世界的に見ても比較的に南の地域に住んでいる人ほど幸福度は高い傾向にあります。

幸せを感じにくい人は、もし生きている幸せを感じることができなくて悩んでいるのであれば、まず幸せを感じにくい自分を責め過ぎないようにしましょう。生まれ持った遺伝子を受け入れつつ、考え方や生き方を変えていくことにより幸せに生きやすくなるはずです。

幸せを感じるためのポイントは、「体験」です。私たちの遺伝子の源流であるはるか昔の祖先も、日常の様々な体験で幸福の糧を得ていたことでしょう。

朝日で目覚めて、日中は仲間と狩りや採取へ出かけ、陽が沈んだら洞窟で焚き火を囲い、獲ってきた食糧を焼きながら、家族や仲間ときょうの出来事を楽しく語り合っていたのではないでしょうか。その体験１つひとつで幸せが得られ、これの繰返しによって長期間の幸せ状態が続き、幸福度は高く保たれていたことでしょう。

遺伝子が同じなのですから、その時代から幸せの本質は変わらないのです。お金や身分や名声とは関係のないところに、あなたにとっての真の幸せは待っているのではないでしょうか。

ですから、幸せではないことを今の状況、例えば仕事や環境などのせいにして自分を追い込むのではなく、「遺伝子に組み込まれているから」という解釈に置き換えることが、幸せへの第一歩となります。

5　幸せの物差しが異なる3大価値観

自身の価値観の解析が幸せを呼び寄せる

遺伝子の話に続き、幸せと密接な関係にある要因の2つ目、価値観の話に入ります。

価値観についての概要は、本章の冒頭で触れているので、ここでは早速、情報社会に生きる私たちはどのような価値観を持って日々を送っているのかを具体的に解き明かしていきましょう。自身の価値観を明確にすることで、自分の幸せのありかを見つけ出すヒントになりますから、ここは必見のテーマです。

価値観と一口にいっても、人によって千差万別であり、私たちの価値観をひとまとめに束ねることはできません。価値観の中身はとても複雑にできており、自分や周りにいる人の価値観を十分に理解することは、長い時間をかけなければいけません。

ここでは、整理のしやすさとわかりやすさを重視して、３つの大きな価値観を紹介しながら、価値観が私たちに与える幸せの要素を見ていきます。

価値観は、「人生において何を重視しているのか」を知るためのバロメータですが、同時に「自分がどのようなコミュニティーに属しているか」、あるいは「自分はどのようなコミュニティーに属すべきか」を分析するための参考材料にもなります。

「コミュニティー」については、次の項目にて詳しく説明することとし、ここではコミュニティーを「１つの集団、同じ目的や趣味や仕事、クラスなどを持つ集まり」ととらえてください。

モノ・カネで測る物質重視価値観

１つ目の主要な価値観は、「物質重視価値観」です。物質主義というと、人によって解釈が異なりますが、例えば成果や収入のよし悪し、所有している物の価値の優劣、名声や地位の高さ低さなど、客観的な数字やランクとして視覚化できるデータを重視する価値観のことを、物質重視価値観としています。

高価な家や車や装飾品を持っている人をすごいと思ったり、贅沢な生活を送ることを夢見たり、欲しいものを手に入れれば入れるほど人生が豊かになるという考えを重視している人は、この価値観の比重が大きいということになります。

物質重視価値観は、決して悪いものではなく、むしろこの価値観を誰も持っていなかったら、豊かになることを拒むことになり、経済は回らず、私たちの生産的な活動がストップしてしまいます。言い換えれば、多かれ少なかれ、誰もが物質重視価値観を持ち合わせているということです。

物質重視価値観が発揮されるコミュニティーは明確です。例えば、会社経営者コミュニティーなら、売上・利益・名声といった物質的な成果が問われます。尊敬、称賛されるのは儲けている人です。

私も経営者の1人なので、経営者たちの集まる会に呼ばれることがあります。そこで話される内容は、どれだけ稼いでいるかとか、その稼いだお金でどんなことをしたとか、物質的な話が主体です。物質重視価値観の比重が大きい人なら盛り上がる話題ですが、そうでない人は居心地の悪さを感じてしまう空間かもしれません。

サラリーマンのコミュニティーも物質が重視されがちです。とくに同期入社の間柄であれば、どちらのほうが収入が多いかとか、出世しているかで、その人の価値を、意識無意識を問わず決定づけるという傾向があります。

情報社会の前の工業社会では、物質重視価値観が世の中全体の大きなウエートを占めていました。高価な車に乗り、高価な家を買い、会社で出世していくことが、その人の価値を決めるという見方が強かったのです。

しかし、情報社会へ移るにつれて、その価値観バランスも変化を遂げました。必ずしも、物質が重視される世の中ではなくなっているのです。

この点については、第2章で詳しく説明しましょう。

人柄で測る人格重視価値観

人間性、人徳、優しさ、そして人間関係など、人と人との触合いを重視する価値観を人格重視価値観と本書では定義します。物質重視価値観では高価な物を有している人が称賛されたのに対し、人格重視価値観では主に親切な人やコミュニケーション能力が優れている人などが支持されます。

物質重視価値観と同様、すべての人がそれぞれ適切な分量で人格重視価値観を有しています。この価値観を失ってしまったら、人間らしさはなくなり、無機質なロボットのような存在になってしまうことでしょう。

人格重視価値観が発揮されるコミュニティーで代表的なものは、地域コミュニティーです。例えば、団地に住む人たちを想像してみてください。彼らは、ほぼ同じ家賃の家に住んでいるのですから、所得階層は似ている傾向にあります。よって所有物などの物質よりも、優しさや人柄といった人格を重視する価値観の比重が大きくなる傾向にあります。コミュニケーション能力の高い人が地域で力を発揮しますし、人材としても重宝されるでしょう。また、温かい人柄を持つ人ほど人間関係がうまくいき、地域に支えられながら幸せな人生を送ることができます。

同じ年代で、同じ学力が集まる学校コミュニティー、つまり同級生同士は、人格重視価値観が育まれる場といえます。このコミュニティーでも、やはり、絆を大切にしている人ほど支持を受ける傾向にあるでしょう。

やりたいことで測る趣味重視価値観

情報社会への移行につれて物質重視価値観の影が薄れていきましたが、その分存在感を放ちつつあるのが趣味重視価値観です。

これは、読んで字のごとく、趣味を重視する価値観であり、それ以上の説明は不要かもしれません。趣味に生きる、やりたいことをやる、好きなことをやって生きるという価値観が、時代とともに価値を高めてきたように思います。

もちろん、食べていけることが大前提ですが、収入が少なくても好きなことをやって生きていくことの許容範囲が広がりつつある時代となり、またそういう生き方をする人に憧れを抱く人が増える時代の流れができつつあります。

趣味重視価値観の比重が大きいコミュニティーでは、その趣味に関して技術や知識面で長けている人ほど尊敬される傾向にあります。

例えば、スポーツに打ち込むコミュニティーであれば、そのスポーツが最も上手な人ほど敬われることでしょう。クイズ好きが集まるコミュニティー、映画好きが集うコミュニティー、週末にバイクでツーリングへ出かけるコミュニティー、カラオケやボードゲームやガーデニングなどなど、趣味に紐づいたコミュニティーはたくさん挙げることができます。

そして、人によって人生の中で趣味をどれだけ重視しているかはまちまちですが、趣味関連コミュニティーへの没頭度に応じて、より趣味重視価値観への比重も大きくなっていきます。

【図表３　価値観比較】

趣味 重視価値観	人格 重視価値観	物質 重視価値観	
趣味のうまさ、趣味への没頭度合い　など	人柄、コミュニケーション能力など	収入、所有物、肩書き　など	価値を決めるもの
スポーツ ゲーム	地域 学校	経営者 サラリーマン	コミュニティー例

自分の価値観を知ることで幸せが見つかる

物質重視価値観、人格重視価値観、趣味重視価値観、３つの大枠の価値観を定義し説明しました（図表３参照）。

価値観は、人それぞれであり、人生において何を重視しているかは人によって大きく異なります。しかし、多かれ少なかれ、これら主要の価値観は誰もが持っているものだと思います。

私たちの幸せの形というのは、これら価値観の影響を大きく受けます。

例えば、人生の中で趣味を優先したい人、自分のやりたいことをやり抜くことで幸せを感じる人は、年収や知名度では仕事を選ばない傾向にあります。その人の中では、物質は幸せを測る物差しには含まれておらず、趣味にどれだけ打ち込めるかで幸せを測っているからです。つまり、物質重視価値観よりも趣味重視価値観が大きなウエートを占めていることになります。

自分の幸せが何かを突き止めたいのであれば、先に「自分の価値観は何を重視しているのか」を知る必要があります。そして、そのために有効な材料となるのが、コミュニティーなのです。
続いては、コミュニティーについて詳しく説明しましょう。

6　所属コミュニティーで変わる価値観バランスと幸せの形

価値観をブレンドして幸せをつくる

コミュニティーとは、前述したように「同じ目的・趣味・仕事・クラスなどを持つ集まり」と定義し、例として物質重視価値観の比重が大きい経営者コミュニティーや、人格重視価値観の比重が大きい地域コミュニティー、趣味重視価値観の比重が大きいスポーツクラブコミュニティーなどを挙げました。

ここで念を押して断っておきたいのは、例えば物質重視価値観の比重が大きい経営者コミュニティーでは「人格は全く重視されていない」というわけではないということです。経営者コミュニティーは、物質重視価値観と人格重視価値観の両者を比較すると、前者のほうに重きが置かれている傾向にあるという意味合いになります。

コミュニティーには、それぞれ価値観の重視度合いが異なっており、細かく分析すれば様々な価値観のブレンドでできているわけです。

そして、ここがとても重要なことですが、どのコミュニティーに深くかかわっていくかで、自分自身の価値観形成にも変化が起き、その価値観に応じた自分なりの幸せの形というものができ上がっていくのです。

Ａさんの価値観推移

オーソドックスな人生を送るとある1人の人物「Ａさん」を例にとって、コミュニティーと価値観と幸せの関係について理解していきましょう。

Ａさんは、小中高と学校に通い、大学へ進学後に就職をする人生を歩みます。

学校コミュニティーでは、友達をつくり、人格重視の価値観を育てました。また、中高では、部活コミュニティーを経験し、趣味（厳密には部活は趣味と同等ではないですが、ここでは大きなくくりで趣味とします）を重視しつつ、同時に先輩後輩の間柄を通して人間性を養いました。部活コミュニティーは、趣味重視価値観と人格重視価値観が半々の、適度なバランスで配合されているコミュニティーでした。

学校生活を送る一方で、当然、Ａさんは、家族というコミュニティーにも属します。家族は、旅行という共通の趣味を持ち、趣味重視価値観を持つ一方、両親のしつけによって人格重視価値観もＡさんは育みました。また、父親は、高価な物を身につけることを好んでいたので、Ａさんも自然と父親の影響を受け、物質重視価値観にも比重を置くようになりました。

Aさんの家族コミュニティーの場合、物質・人格・趣味それぞれの価値観の配合バランスは、物質3、人格4、趣味3と、同じ分量程度のブレンドでした。

総合的に見て、大学時代までのAさんの価値観は、人格と趣味の比重が大きかったといえます。家族や友達と集まって好きなことをして楽しむという体験に快感を得ていて、その時間が長ければ長いほど幸せに包まれる人生を歩んできたのです。

さて、就職後は、サラリーマンコミュニティーが人生の大きな割合を占めるようになります。これまでは人格と趣味に関する価値観中心で形成されていた幸せの形が、少しずつ変容していくタイミングです。

出世レースに参加することになり、収入のことや仕事の成果が気がかりとなります。友達との集まりにおいても、仕事やお金の話題が多くなり、価値観は自然と物質的な要素に傾くようになっていきます。

給料を得ることで、自分が好きに使えるお金が増えました。父親の影響もあり、Aさんも高価な時計や服などを買って快感を得るようになります。これは、Aさんの中で物質重視価値観の比重が大きくなってきたことを意味しています。配合バランスは、物質5、人格3、趣味2程度というところでしょうか。

ここまでは、非常にオーソドックス、多くの人に共通する価値観形成だと思いますが、ここから先は人によって配合バランスが大きく変わっていくことでしょう。それを決定づけるのは、「どのコミュニティーに人生の時間をより多く割いていくか」です。

もし、Ａさんが、より趣味を重視する生き方を選び、例えば仕事の傍でバンドを組み音楽をやっていくとしたなら、サラリーマンコミュニティーとは少しずつ距離を置くようになります。給料が少ないけれど時間拘束が短い仕事に転職したり、サラリーマン自体を辞めてアルバイトをしながら音楽をやる道もあるかもしれません。

いずれにしろ、物質重視価値観の比重が小さくなり、趣味重視価値観の比重が大きくなったことを意味しています。

物質重視価値観をさらに濃くする人生を選ぶこともできます。サラリーマンコミュニティーや会社コミュニティーにフォーカスし、趣味関連のコミュニティーから離れるようにするのです。よりがむしゃらに仕事に励み、同僚を出し抜いて出世し、年収アップを目指します。もしくは、独立して自身が経営者となり、より大きな財産を築き上げることを目標にします。

そして、たくさん稼いだお金で、欲しかった高級品を買い揃えることに幸せを見出す人生を歩んでいきます。

コミュニティーの取捨が大事

ほかにも人生の道はいろいろ考えられるでしょう。選んだ道は、Ａさんにとっての幸せなのですから、どれが正しくてどれが間違っているといった、客観的な評価を下すことはできません。

人生の選択は、自身の価値観から、「自分にとっての幸せとは何か」を模索した結果によって導き出されます。その価値観というのは、これまで所属してきたコミュニティーに左右される部分が大きいことは、Aさんの例からもおわかりいただけたことでしょう。

そして、価値観から生まれた自分の幸せの形に応じ、コミュニティーを取捨することによって、私たちはより長い幸せな時間を得ることができるようになるのです。

もし、あなたの「今」が、快感よりも苦痛が上回り、長期的な不幸を感じながら生きているのだとしたら、コミュニティーの選別を行うタイミングかもしれません。

居心地の悪い、自分の価値観とずれていると感じるコミュニティーからは距離を置きましょう。そして、居心地のよい、自分の価値観とマッチしたコミュニティーに長い時間を割くような生き方を選びましょう。

幸せな生き方を見つけていく上で、このような取捨選択は欠かせません。

コミュニティーの価値観配合バランスは、絶えず変化していきます。コミュニティーの数自体も増えています。

しかも、第2章で深掘りするところですが、情報社会の現代では、その変動は目まぐるしいスピードになっています。

したがって、自身の価値観と幸せの形というのも、時間とともに変化を遂げていくものです。

「このコミュニティーにいて自分は幸せか」

「このコミュニティーと自分の価値観はマッチしているだろうか」
「自分は何を重視し、何に幸せを感じているだろうか」
このような見直しは、定期的に行うべきというわけです。

情報社会の利点

仕事の話題になりますが、日本の会社というのは、従来、人格や人間関係を重視している傾向にありましたが、そのような会社にいづらさを感じる若手社員も年々増える傾向にあるようです。たとえ技術が優れていたとしても、コミュニケーションが苦手な社員だと、人格重視価値観に重きを置く会社コミュニティーでは社内評価が低くなりがちで、収入や出世で不利を被っているケースもあるように見受けられます。

そのような人間関係で苦しんでいる仕事能力の優れた方は、人格はほとんど重視せず、成果（物質）に重きを置いている会社コミュニティーへ移るのが得策といえるでしょう。そのほうがより能力が評価され、収入のアップが見込めるかもしれません。もし、仮に収入が落ちてしまったとしても、コミュニケーション面において前職のような苦痛を味わうことはないので、総合的に見れば大きな幸せを得ることができるはずです。

コミュニティーを離れることは、決して現実逃避や自身の弱さを意味するものではありません。単に価値観が合わなかっただけの話です。

情報社会の到来によって、よりコミュニティーの選択はしやすくなりました。すなわち、誰もがより幸せを手に入れやすい時代になったともいえるのです。

7　幸せを見つけるためのガイドライン

ここまでのまとめ

ここまで幸せや価値観やコミュニティーについてなど、本書内の共通語としていくつか定義を行いました。また、あなたなりの幸せを見出すための手順を一気に紹介したので、まだ頭の中が整理されていない方もいることでしょう。

そこで、本項目では、ここまでの内容を整理してお伝えします。

まず、大きなテーマとして、長期間に渡る幸せな状態を得たいなら、幸せな体験をたくさんすることが大切です。そして、あなたにとっての幸せな体験が何なのかを明確化していくのが、次章以降の内容となります。

幸せに大きく関与するのは、遺伝子と価値観です。私たちには、そもそも現代の情報社会とはずれている、狩猟社会に最適化された遺伝子がプログラムされてしまっています。この狩猟社会に最適化された遺伝子というのは、やっかいなことに現代の情報社会でも幸せを感じにくくできてしまっています。

【図表４　長期の幸せを得るための手順】

「幸せは、遺伝子と価値観、この２つに大きく影響を受ける」という事実を把握する

↓

自分の価値観が何を大切にしているのかを知る

↓

自分の価値観に合ったコミュニティーと接する

↓

コミュニティーの中で親友や友達と幸せな体験をする

↓

体験を記憶し、思い出す度に幸せが得られる

長期的な幸せを得るための手順を簡単に示したものがこちら。ただし、情報社会においては、多様な価値観、多数のコミュニティーがありますので、より現代を細かく眺めた上で、あなたにとっての幸せを見出す必要があります。

第２章は、まず、現代社会を正しく見渡すことから始めましょう。

ですから、「幸せではない」「不幸せだ」という負の感情は、今ある状況や環境とは関係なく、どうしても芽生えてしまうのです。

遺伝子と並んで幸せをつくる主要因となるのが価値観です。

価値観の配合バランスによって、あなたの幸せの形というものが決まってくることを忘れてはなりません。そしてその幸せの形に従って、自分の属するコミュニティーを取捨選択することも大切になります。

今いるコミュニティーに幸せを感じていないのなら、そのコミュニティーに属するメンバーと自分は、根本となる価値観の配合バランスが異なっているということです。そのコミュニティーからは距離を置き、自分の価値観を見つめ直し、何が自分にとっての幸せなのかを改めて考え直し、再考した価値観に近いコミュニティーを探すことが、幸せな体験を与えてくれます。

情報社会を知ることも大事

本書は、情報社会で幸せに生きる方法を著す本です。

自分の価値観をいくら見定めることができたとしても、情報社会とずれた価値観であっては、結局生きづらい世界の中で生きることにもなってしまいかねません。

そこで、大切になってくるのは、冷静に現代社会を見渡し、幸せに生きるヒントやコツをつかみ、自分の価値観や幸せの形と折合いをつけることだと思います。

第2章　移行期の情報社会を正しく見渡す

1　いろいろなコミュニティーがあって、いろいろな価値観がある

技術が進歩しても不幸せな理由に迫る

第1章の内容を踏まえた上で、より現代にフォーカスして話を展開していきましょう。

情報社会への移行に伴い、私たちは、いつでもどこでもたやすく情報を入手できるようになりました。スマホ1つあれば、遠く離れた人ともコミュニケーションがとれますし、指先で数回画面を叩けば欲しいものを買うことだってできてしまいます。

生活を豊かにするための技術が、ほぼすべての人に行き渡っている理想の世の中に近づいたわけです。ところが、そのような世の中にあっても、まだまだ生きづらさを感じながら生きている人たちがいます。

この事実は、幸せや不幸せというのが、テクノロジーの進歩だけで決まるものではないことを物語っています。そして、その幸せや不幸せの鍵を握るのは、遺伝子と価値観であることを、第1章ではお伝えしました。

人間の遺伝子は、狩猟社会に最適化されたままです。どのように生きていけば幸せになるのかは、狩猟社会、農業社会、工業社会、各社会での生き方や、時代の流れを正しく理解することも大切になります。

これらの話題に触れる前に、まずは、情報社会におけるコミュニティーや価値観のあり方を見ていきましょう。

10の快感と１００の苦痛で生きる人もいる

工業社会の時代であれば、コミュニティーは限定的であり、形成される価値観も画一的な面がありました。家族を持ち、家を買い、夫は仕事に専念し、妻は家を守る、それが当たり前の価値観であり、幸せになるためのただ1つの道のように語り継がれてきたのです。

しかし、情報社会では、そのような価値観は通用しません。なぜなら、情報化によってコミュニケーション方法が豊富になり、コミュニティーの数が当時とは比べものにならないほど増えたからです。

コミュニティーの多様化は、価値観の多様化に直結します。画一的な価値観は、もはや化石となりました。私たちは、「価値観は人それぞれである」ことを受け入れ、自分の価値観だけで他人を測ることなく、柔軟な思想で人との交流をしていく時代を生きていくことになったのです。

１つの同じコミュニティーであっても、価値観が全く異なる人たちが混在することも、多々あるようになりました。

例えば、同じ会社に属していて、同じ給料を得ていても、その給料が10の快感の人もいれば、50の快感の人もいます。また、その会社の労働内容が同じであっても、１００の苦痛に感じる人もいれば、10の苦痛に感じる人もいます。この違いは、元来の遺伝子や、その遺伝子や所属してきたコミュニティーによって養われた、価値観の差分によるものです。

50の快感と10の苦痛で会社に勤めていれば、長期的に見ても幸せですが、その真逆、10の快感と100の苦痛であれば、その職場は地獄以外の何ものでもないでしょう。いつまで経っても不幸せです。

多様化時代を受け入れよう

情報社会を幸せに生きるには、多様化を受け入れることは欠かせません。いろいろなコミュニティーがあり、いろいろな価値観があり、いろいろな幸せがあることを知っておきましょう。

様々な価値観ブレンドのコミュニティーがいくつもあり、各人が複数のコミュニティーに所属するのですから、できあがる価値観は人によって多種多様です。すなわち、そこから形成されていく幸せの形も、人によって当然様々なということになります。

周りの人に対して「あの人の価値観は理解できない」と評価を下すのはいいことではありません。情報社会においては、そもそも、人の価値観を理解することなどできるわけがないのですから。

逆説的にいえば、「人の価値観は理解できないもの」という前提の中で、情報社会を生きていくことが、生きづらさを解消するコツになります。

価値観が合わない人とは距離を置けばいいだけです。工業社会以前であれば難しかったでしょうが、コミュニティーの乱立する情報社会では、それはとても容易なことです。自分の価値観に合ったコミュニティーや人と接していけば、幸せをつかむことは誰でも行えるはずです。

2　相対的に落ちていくお金の価値

シェアが低下傾向の物質重視価値観

多様化するコミュニティー、価値観、そして幸せの形。このような時代への移行が、社会全体にどのような影響を及ぼすのでしょうか。

価値観が限られていた頃、すなわち工業社会までの時代は、お金をかけるほど素晴らしい幸せが待っていることが信じられていました。「お金がすべて」といっても過言ではないような社会が構築されていたのです。ですから、上の年齢の世代ほど、高価な物を所有することこそが至高という、物質重視価値観を優先している人が多い傾向になっています。

しかし、情報社会においては、「お金をかけずに手に入れられる快感や幸せがある」という価値観が確立されつつあります。「労働という苦痛を味わってまで高価な物を買うことが無意味である」という価値観を持つ人もいるほどです。そのような考えを持つ人たちは、相対的に物質重視価値観の比重が小さくなっています。

この考え方がより一層社会に広がっていくと、いよいよお金の価値を軽く見る傾向の人が増えていくことになりそうです。

つまり、情報社会への移行は、相対的にお金の価値が落ちていくことを意味しているのです。お金を1円でも多く欲しがる、物質重視価値観の比重が大きい人が減っているのですから、これは仕方のない話でしょう。

価値の上がる「お金では買えないもの」

例えば、1，000万円の車があったとして、工業社会と情報社会のそれぞれの価値観だと、この車に下す評価は変わります。

お金の価値が高かった工業社会では、1，000万円の車を持つ人はひときわ称賛を受けていました。

しかし、お金の価値が落ちている情報社会では、1，000万円の車を持っていても、羨望の眼差しを送る人の数は減っています。これは、その車がいいものだ悪いものだという話ではなく、単純に価値観の多様性から来ているものであると、改めて念を押しておきます。

以上の例から知っておいて欲しいことは、お金の価値が落ちたことにより、必然的にお金で買えるものの価値も下がっていることになるという理屈です。

それでは、相対的にお金の価値が落ちたことで、一方で何の価値が上がったのでしょうか。3大価値観の話でいえば、物質重視価値観の比重が小さくなりつつある分、人格重視価値観や趣味重視価値観の比重が大きくなったことを意味しています。

つまり、健康な状態を維持することや、好きなことをして過ごすこと、親しい人と楽しく食事をしたり旅行したりすることなど、「掛値なしの体験」の価値が上がっていると考えることができます。

第1章で「長期間に渡る幸せを与えてくれるのは体験である」という主旨の話をしましたが、情報社会への移行と価値観の多様化に伴って、体験の価値はお金の価値に比して上がっているということです。

これから先、より一層にお金の価値は落ちていくと予想されます。体験が私たちに与えてくれる幸せの度合いは高まっていくことでしょう。

３００万円分の幸せについて

今後、ますますお金を重視する人は減っていく一方でしょう。しかし、そうはいっても、どうしても、私たちは、目前に提示される物質的な価値ばかり気にしてしまいがちです。物質的な欲求に支配され、一時的な快感を得られるような行動を、衝動的に選んでしまうことが多々あります。

ですから、私たちは、そのような「錯覚」に陥りそうになる度、快感のことや幸せのこと、自分の価値観の中にあるお金や物の価値比重を意識すべきです。

高価な買い物を決断するとき、ひとまず冷静になって、それが本当に欲しいものなのか、衝動的な気分から買おうとしているのではないか、後になって後悔することはないかと、じっくり考える時間は必須です。その買い物によって得られる快感は一時的なものなのか、後々の幸せとなってくれる様々な体験を生み出してくれるのか、十分にイメージするようにしましょう。

500万円の車を買いたいと思ったとして、それが本当に長期の幸せを与えてくれるかという視点が大事なのです。他の候補として200万円の車があったとしたら、その差額である300万円分の幸せが、果して500万円の車がもたらしてくれるのか、よく吟味すべきでしょう。

言い換えるなら、300万円分多いローンを背負って味わう苦痛と、得られる快感との比較をするわけです。快感のほうが上回るのであれば、500万円の車がいいでしょうし、苦痛のほうが上回りそうであれば買うのを止めるべきです。

情報社会の加速に伴い、高価な物を買う必要というのはなくなっていくことでしょう。お金の価値が下がる加速度は増す一方だと思われるので、世代によってお金に対して抱く価値観も大きく変わってくるのではないでしょうか。

今の時代でさえ、中年以上と以下の世代では、お金に対する考え方はだいぶ違っているはずです。これは、前者が工業社会、後者が情報社会に近い中で価値観を育んできたことによります。

若い人は、お金がすべてだというような、工業社会の世代の言うことは聞く必要はなく、自分の中にある価値観に合わせたお金の使い方をすべきです。無理な買い物は必要ありません。

また、上の世代は、変わっていくお金の価値観、相対的にお金の価値が落ちていく時代に突入しているという事実を肌で感じておき、自身の価値観を塗り替える必要はなくとも、多様な価値観を受け入れる姿勢は持っておくべきでしょう。

3　情報社会は「稼げなくても大丈夫」

生涯独身なら年収３００万円で問題なし

現代は、見栄を張る時代ではなくなりました。むしろ、何でもかんでも高いものを買うという風潮は毛嫌いされる傾向にあり、安く済むものはできるだけコストを抑え、お金をかけたいものにだけかけるというライフスタイルのほうが評価される時代にあります。

お金をかけずに幸せに過ごす方法を求めていくことを突き詰めれば、苦痛である労働時間を減らすことも可能にできることでしょう。お金の価値が下がり、相対的に体験の価値が上がっている、現代ならではの新しい価値観は着実に実っていて、働き方改革やベーシックインカムなどが、その具現化の1例たちとなっています。

しかし、「お金に固執しなくていいんだ」といっても、収入の低いままで生活を続けていくのは、一抹の不安が残ります。

実際のところ、どのくらいの稼ぎがあれば、十分な幸せを得られる人生を送ることができるのでしょうか。価値観によって大きく左右されるテーマではありますが、ここでは「必要最低限の収入」について考えていきます。

例えば、生涯独身で過ごすのであれば、年収300万円でも十分に楽しい人生が送れるというのが私の考えです。

物質重視価値観の比重を小さくする、つまり、高価な物を買わないように心がけ、安価な趣味に没頭し、人との交流や趣味で幸せな時間を過ごすようにすれば、年収300万円でも問題なく生活できると推測しています。万が一のための蓄えをしながら、余裕を持って暮らすことができるはずです。

年収300万円、つまり月収25万円の仕事であれば、世の中に比較的多く存在します。時給換算でおよそ1，500円の仕事があったとして、1日8時間、22日間働けば26万4，000円の月収。十分年収300万円に届きます。より専門性が高く時給のいい仕事に就いたり、1日の労働時間を10時間にすれば、労働日数を減らすことも叶います。

結婚して子どもをもうけるのであれば、もう少し収入は必要となるでしょう。ただ、子供のいる家庭へのセーフティネットは充実の一途ですし、結婚すれば夫婦の2人力で稼いでいけるので、場合によっては独身生活よりも豊かな生活が望めるかもしれません。何より、家族とともに共有できる幸せな時間ほど、掛値なしの体験はありません。

子どもの教育にどれだけ費用をかけるかでは上下はするでしょうが、世帯の年収については、最低400万円が確保されていれば、これからの時代は問題なく幸せな生活を送ることができると推測します。

人間が働く必要がなくなる社会への過渡期

最低限の収入で幸せに生きるポイントは、前述のとおり物質重視ではなく人格や趣味を重視した生活を送ることです。その具体的な実践は、次章以降で説明するとして、ここではなぜ「稼げなくても大丈夫」なのか、その理由に迫っていきます。

働いて稼ぐ金額は低くても大丈夫な時代となりましたが、完全に働かなくてもいい時代というわけではありません。

時代とともに働き手は変わってきています。まずは過去の社会の働き手を振り返ってみましょう。

農業社会では、人間は自らの筋肉を使って田畑を耕し、自らの頭脳を使ってどうすればたくさん収穫できるかを考えながら、作物を管理してきました。

工業社会になると、人間の筋肉の代替として機械が登場、工場で大量に製品を組み立てる技術が確立されました。筋肉は機械、頭脳は人間が担うという役割分担ができあがっていったのです。

そして、情報社会では、今まで人間がやってきたことをＡＩ（人工知能）のロボットが行っていくようになります。筋肉は引き続き機械が担い、頭脳は人間からＡＩへと担当者が移行している途上が現代なのです。

実際に、インターネット通販の世界最大手アマゾンの物流センターには、人間がほとんどおらず、ＡＩの管理体制により機械が物の運搬を行っているところがあります。証券会社のディーラーも、人間からＡＩに置き換えられていっています。自動運転が普及すれば、ＡＩが目的地まで連れていっ

【図表５　労働の担い手の推移】

	筋肉	頭脳
農業社会	人間	人間
工業社会	機械	人間
情報社会	機械	ＡＩ

現在は、人工知能のロボットが働き、人間が働かなくてよくなるまでの過渡期ととらえることができます。

てくれるようになることでしょう。

今後、ＡＩが、様々な分野で活躍していくことが期待できます。「ＡＩに人間の仕事が奪われている」という悲観的な意見もありますが、私は決してそんなことはないと思います。「人間が働かなくても暮らせる世界が来る」と前向きにとらえるべきでしょう。

いつになるかはわかりませんが、今後ＡＩの生産性が向上して、人間があまり働かなくなる社会になるでしょう。

つまり、現在は、人工知能のロボットが働き、人間が働かなくなってもよくなるまでの過渡期ととらえることができます。

働く人が完全にいなくなることはありませんが、数十年単位のスパンでは、労働力不足が解消され、仕事が減ってきて、週５日働いていたのが週３日で十分になっていくかもしれません。

無理のない仕事を長く続けよう

情報社会がより進化した未来では、ＡＩが働いてくれる分、つまり、人件費がかからなくなる分、私たちが買う商品や受けられるサービスも安価なものが増えていくことでしょう。この点からも、たくさん稼ぐ必要はないことがうかがえます。

ただし、ＡＩが働いてくれる世の中になるまでの過渡期である今は、まだ人間は働く必要があります。できれば定年などは設けず、働ける限り働くのが一番かと思います。

前述した生きていくための最低限の収入を超えていることを条件とし、苦痛な仕事を我慢して続けるのではなく、自分に合った仕事を選び、働き続けていくことになります。

無理なく働き続けることを覚悟していれば、老後の不安は軽減されます。

4　テクノロジーの進化が富と価値観の流れを変える

情報社会の正体

本章では、ここまで「価値観や幸せが多様化している」ことや、「お金の価値が下がっている」ことを伝えてきました。そして、それらの根本の理由については、「情報社会に突入したから」という程度で済ましてきました。

ここからは、いよいよ情報社会の正体に迫っていきます。

世界が情報社会に移行することで、私たちの生活はどのように様変わりしていくのか。

経済の流れはどのようになっていくのか。

私たちの価値観はどうやって育まれていくようになるのか。

そして、情報社会における幸せとは。

このような疑問を解消していきます。

ますます広がる富の格差

まずは、これまでの社会の移り変わりについて、富の流れという側面から説明していきます。

テクノロジーの進化に従い、社会は大きく、狩猟社会、農業社会、工業社会、そして情報社会へと変化を遂げています。

狩猟社会では、狩りで獲得した動物は腐敗してしまい、食べ物を保存することができませんでした。そのため、狩猟社会の人々の間には、富の差があまりありませんでした。

農業社会になると、農耕技術が発達して食べ物が保存できるようになり、軍事力を持つ領主とその家来が力を持つようになりました。例えば、江戸時代なら支配階級の大名や武士と、被支配階級の農民とで富の格差が生まれました。

工業社会になると、工場で大量生産ができるようになります。工場を持つ資本家が力を持つようになり、資本家層と労働者層で大きな富の格差が生まれました。明治から昭和初期にかけて、財閥が日本国内の経済を支配し、戦前の日本でも資本家たちと労働者との間にはかなりの富の格差がありました。第二次世界大戦の敗北により主要都市は焼け野原となり、一旦格差は縮まりましたが、戦後の経済復興とともに再び格差が広がっています。

さて、情報社会になると、スマホやパソコンで人と人がつながるようになり、世界で展開されているＩＴ産業などのグローバル企業の株式を持つ資本家や経営者が莫大な力を握るようになりました。これにより、過去の社会とは比べものにならないほど、資本家層と労働者層との間にとてつもない格差ができています。

現在では、ＧＡＦＡ（グーグル、アマゾン、フェイスブック、アップルの頭文字をとった略称）と呼ばれるアメリカのＩＴ産業を担うグローバル企業が、世界の株式時価総額ランキングの上位を独占するようになりました。

狩猟社会より後の社会の移り変わりについて、富を握っていた層をまとめましょう。農業社会では軍事力を持つ大名、工業社会では工場を持つ資本家、情報社会ではＩＴ産業を持つ資本家が、それぞれ大きな富を持っています。しかも、新しい社会を迎えるごとに、少数の人間に大量の富が流れるようになっているのです。

これから先、人間が担当してきた労働が機械とＡＩへ置き換えられるようになれば、富はますますＩＴ産業を持つ資本家へと集まっていくことでしょう。この富の流れに逆らうことはできず、割を食う労働者層は、ますます仕事で稼げなくなってしまうこととなります。

これは、移行期である現代ならではの現象であり、将来は仕事の多くをＡＩに任せることになるため、私たち人間は働く必要がなくなります。そのときが来るまでは、この富の格差については辛抱の日々かもしれません。しかし、そもそもお金の価値自体が落ちていて、なおかつ稼げなくてもたくさんの幸せが得られるのが情報社会の特徴なので、さほど大きな問題ではないという見方もできるのです。

価値観の流れ

価値観の流れも、同様の視点で、まずは狩猟社会から工業社会までを見ていきましょう。

狩猟社会では、動物を狩り植物を採集する集団（コミュニティー）の中で、両親や兄弟などの家族だけでなく、集団の仲間とも協力しながら生きていました。

情報ネットワークの中心を担う人、つまり「ハブ」となる存在の人はおらず、お互いが声をかけ合うことで情報を伝達共有していたのです。そのため、身近にいる家族や仲間たちが、相互に情報の影響を受けていたことになります。

狩猟社会に生きる人たちは、決して多くの人と知り合うことはありませんでした。１日に数人、多くても隣の部族の人と接触する程度でした。常に命の危険にさらされながらも、生活をともにする家族や仲間を大切にして、協力して生きていくという価値観が重視されていたのです。

情報社会においても、遺伝子はこの狩猟社会に最適化されるように設定されています。世の中にはたくさんの人間がいるにもかかわらず、家族や親友のほんの数人のウエートが心に占める割合として大きいのも、この頃に設定されたままの遺伝子によるものです。

この点が情報社会で幸せに生きるためのヒントとなっています。狩猟社会の価値観に従い、彼らほんの数人たちとの交流を大切にすることが、長い幸せへとつながります。

狩猟社会の人々は、食べ物のある場所を転々としながら生活していたのに対し、農業社会の人々は、村に定住して暮らすようになりました。

農業社会後期の日本では、支配者であった大名が、神社や寺などとも密接な関係を持っていました。大名にとって都合のよい情報が、ハブとなっている神社の総本山から神主へ、寺の総本山から住職へ伝わり、村人へと伝達されていたのです。

狩猟社会時代よりもコミュニティーの規模が大きくなり、仲間同士だけでなく、神主や住職からも大きな影響を受けるようになった時代というわけです。

日本では、神道や仏教の教えは、大名が農民を支配しやすい内容に解釈されていますし、他の国々では、キリスト教やイスラム教も、細かい点は違いますが似通っている部分があります。支配階級が被支配階級をコントロールしやすくする情報統制が、農業社会では盛んに取り入れられていたということです。

【図表６　社会ごとの価値観の流れ】

狩猟社会 ➡	集団の中で家族や仲間たちと相互に
農業社会 ➡	神社の神主や寺の住職から村人へ一方的に
工業社会 ➡	テレビや新聞から人々へ一方的に
情報社会 ➡	コミュニティーの中で親友や友達と相互に

テクノロジーの進化に伴い、情報伝達方法が変わり、価値観の流れも変化してきました。情報社会では、狩猟社会と同じように、コミュニティーの中で親友や友達と相互に影響し合っています。

家を守り、管理する田畑を守り、集落の中では足並みをそろえて、お互い協力しあって生きていくという価値観が重視されました。いまも地方によってはそのような伝統的価値観が根強く残っています。農耕技術は世界中に広がり、日本だけでなくヨーロッパや中国も同じような社会が築かれ、価値観も同じようなものが形成されていきました。

明治大正の時代は、農業社会から工業社会への過渡期でした。昭和の時代に熟した工業社会では、新聞やラジオ、テレビなどのマスメディアがハブとなり、人々へと情報が伝えられていました。

会社が商品を大量生産し、コマーシャルや番組で宣伝されることで大量に消費され、さらに会社が商品を大量生産し……という循環で経済は回ってきました。マスメディアの情報伝達力とその影響力は強く、みんながよく働きよく稼ぎ、欲しいものを手に入れることが幸せであることに疑いもなく生きていました。

政治に対しても、マスメディアの幹部が強い影響力を持っていました。テレビや新聞の流す内容により、政党の支持率が大きく変化していました。誤解を恐れずにいうなら、テレビ局や新聞社の経営幹部が、日本の政治を支配していました。

親友や友達もテレビの影響を受けていたので、学校や職場では同じ価値観ばかりとなり、マスメディア主導によるブームが次々と生み出されていきました。

狩猟社会から農業社会にかけては、各地の村長や住職が情報のやりくりをしていたのが、マスメディアが全国規模でその役目を一挙に担うようになり、その影響力は一国を動かすほどの絶大なものでした。

5　情報発信者によって価値観は揺さぶられる

肥大化する個人同士の影響力

狩猟社会から工業社会にかけての価値観を見直してきました。いよいよ本題、情報社会における日本の新しい価値観についても見ていきましょう。

１９９５年（平成７年）にWindows95が発売されて以降、オフィスでは１台のデスクに１台のパソコンが置かれるようになりました。携帯電話の普及を経て、2010年代では、1人につき1台スマホを持つのが当たり前の時代となりました。

スマホの登場により、固定電話や手紙が電子メールやメッセージアプリに置き換わりました。ショッピングセンターやデパートは、アマゾンや楽天などのインターネットショッピングへとその役目を移行させつつあります。

そして、かつては、新聞やテレビなどが主流だった情報発信メディアは、動画やニュースアプリ、SNS(ソーシャルネットワークサービス)、ホームページ、ブログへと移り変わっています。

令和の時代の情報社会では、いよいよテレビや新聞など、マスメディアの影響力が薄れていくことでしょう。具体的なツールとして、ラインやツイッター、フェイスブックにインスタグラム、そしてユーチューブ。これらSNSなどに加え、ニュースアプリなどを通して、画一的ではなく、個人同士がお互い影響し合う多様な価値観が広がっていっています。

個人や有名人を問わず、たくさんのフォロワー(支持者)を持ち、SNS経由の情報発信によって、各個人に多大な影響力をもたらす人を「インフルエンサー」と呼ぶようになりました。フォロワーがたくさんいるインスタグラマーや、登録者数や再生数の多いユーチューバーも、インフルエンサーの1つであり、彼らの発信する情報が社会に大きな影響を与える時代へと突入しています。

工業社会までの情報ネットワークを司るハブは、テレビや新聞などに限られていましたが、2000年以降に一気にその構造を変革させ、現代は全人類がハブの役割を担う可能性を秘めてい

【図表７　ＩＴ企業による情報操作】

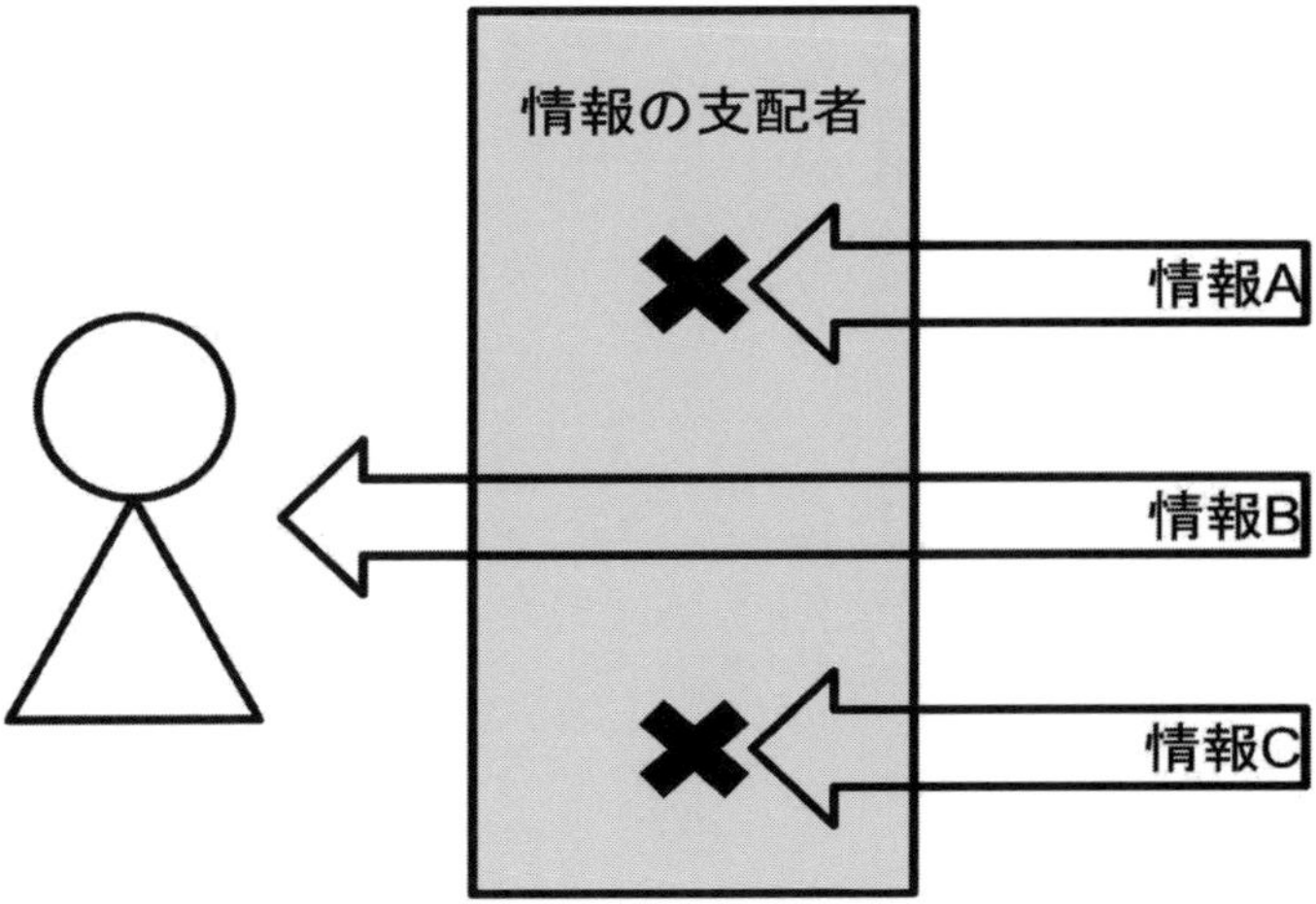

テクノロジーの進化に伴い移り変わる情報の支配者。工業社会まではマスメディアが中心となっていましたが、情報社会はＩＴ企業が、見せる情報と見せない情報を操作している時代といえます。

る時代となったのです。

工業社会の時代と比べると、大容量の情報が、スマホを通じて個人へ半自動的に流入してくるため、誰からの情報をキャッチするのか、また誰からの情報を遮断するのか、取捨選択が必要になりました。

この取捨選択までもが、「情報の支配者」によって自動的に制御されている時代になっています。現代を別角度から見渡せば、広告やSNSなどを提供するＩＴ企業が、個人にどの情報を見せるか、あるいは見せないかを、裏方で操作している時代ともいえるのです。

いわば情報社会は、情報を司るＩＴ産業のアルゴリズムに支配された世の中となりつつあります。

新型コロナがもたらした新価値観

狩猟社会では、集団内の小さなコミュニティーの仲間同士で価値観を形成していました。

そして、農業社会では、大名や神社など比較的中規模のコミュニティーの権力を握る者によって価値観はつくられました。

工業社会では、新聞やテレビといった、影響力の大きなマスメディアによって価値観は築かれました。

そして、現代の情報社会においては、インターネットを介したサービスを提供するIT産業が編み出した大小様々なコミュニティーが、人々の価値観形成に多大な影響を与えているということになります。

つまり、いかなる社会においても、私たちの価値観形成は、情報発信者の影響を大きく受けているのです。

2020年前後、突如出現し全人類を脅かす存在となった新型コロナウイルス。本稿を書いている現在もその勢いは衰えておらず、多くの人が感染の恐怖に震えながら、我慢の日々を過ごしています。

新型コロナを契機にして、情報の送受信方法を変えた人もいることでしょう。厳密には「変えざるを得なかった」のかもしれません。

例えば、仕事はリモートワークを利用するようになり、買い物はインターネットショッピングを使い、SNSのアクセス時間が増え、ユーチューブなどの動画で情報を集めるようになったのではないでしょうか。

特殊なケースですが、新型コロナウイルスは、この時代に突如降臨した、世界的な影響力を与える情報発信「物」だといえます。

新型コロナウイルスの渦中においては、私たちは毎朝歯を磨くのと同じ感覚で、新型コロナウイルスの新しい情報を仕入れるため、パソコンやスマホでSNSやニュースアプリを利用しています。新型コロナウイルスによって半強制的に変容した生活習慣の中で、新たなハブに提供される情報の影響を受けて、新たな価値観づくりを進めています。

外出自粛を余儀なくされ、工業社会にフィットした昭和の価値観で生きてきた人々も、令和の新しい価値観に塗り替える必要が出てきました。元来、情報社会的な令和の価値観を持っていた人も、より進んだ情報社会の生活をするようになり、全人類規模で価値観が、過去類を見ない速度で変化を遂げています。

これまで属していたコミュニティーを離れ、この時代に適合した新しいコミュニティーに入るといった、コミュニティーの「衣替え」も盛んになっていることでしょう。

所属するコミュニティーを変えたのなら、自ずと自身の価値観も変わっていきます。これはすでに何度も述べてきたことです。

人類の歴史から見ると、昭和の時代は「お金を稼ぎ使うことがよい」という価値観が、マスメディアの影響によって強くなり過ぎていただけともいえます。２０００年以降、その影響力は年々弱まっており、本来あるべき状態に戻っているという考え方もできることでしょう。

本来あるべき状態とは、狩猟社会の頃のような、コミュニティー内の仲間たち同士で、自分たちにとって本当に必要な情報だけを共有し合い、自分に合った価値観で自分らしく生きることを貫く状態です。

新型コロナウイルスによって影響力のシフトが一気に行われたこの時代においては、より一層、情報の受取り方さえ間違えなければ、そのようなまさに自分に合った人生の選択が可能となっています。

ＡＩに価値観を支配される日が来る？

さらに先の話をしておきましょう。

いつになるかはわかりませんが、将来的には、人間の代わりにＡＩが働く時代がやってきます。テクノロジーの進化によって、情報を支配し、私たちの価値観に影響を与えている存在が移り変わってきたのですから、情報社会の頂点ともいえる「ＡＩが働く時代」が到来したら、当然ＡＩが情報の支配者となることでしょう。

現在のＡＩ関連企業はＧＡＦＡが中心ですが、これからはより多種に渡るＡＩ関連企業が台頭してくることになります。集めた膨大なデータをＡＩが分析し、各人にとって最適なモノやコトを提案して、価値観を決めてくれるような時代になるわけです。その人の価値観に合った最適なライフプランも、ＡＩが教えてくれる未来が待っているかもしれません。

かつての時代は、テレビが先進国の人間を支配していたともいわれています。同じようなことがＡＩによっても巻き起こされる可能性が十分に考えられるのです。

本書のテーマになぞらえるなら、幸せに生きられるよう、ＡＩが私たちの人生を制御してくれるということになるでしょう。しかも、ＡＩが仕事の大部分を担ってくれる社会ですから、人類はベーシックインカムのような自動収入を得ながらの生活が実現できているはずです。現代でいうところの年金暮らしのような、お金に困らない悠々自適な人生を送ることが期待できます。

働かなくても幸せに生きていける。これは、私たちが太古の昔から求めてきた、理想の未来ではないでしょうか。

「ＡＩに人生を操られているようで嫌だ」という感情を抱くかもしれませんが、自分の中で答えのない悩みを持ち続けて人生に四苦八苦するよりは、自分に合った幸せな生き方をＡＩに即答してもらうほうが、よっぽど楽なのではないでしょうか。

社会の過渡期において、新しいテクノロジーや価値観に抵抗感を覚えてしまうことは、過去の例が物語っています。しかし、これからは、より一層、悩みの少ない素晴らしい未来が、ＡＩのサポートとともに実現されていくのです。今よりもいい世界が、情報社会によってもたらされると思えば、この新しい情報発信者や価値観を受け入れることもできるでしょう。

6　家族や親友を大切にすることが幸せにつながる

普遍の幸せ

本章では、多様化が著しい情報社会におけるお金や働き方、価値観の変化などについて書いてきました。情報社会と過去の社会との決定的な違いを挙げてきたわけですが、最後に、情報社会においても変わらない、普遍のことについて述べて本章を締め括りたいと思います。

不変のこととは、幸せのあり方です。

どんな社会であっても、どんなに人の価値観が多様化し変容しても、私たちが感じる幸せには変化がないものだと思います。

その、なかなか言葉にしがたい幸せというものを、情報社会でも正しく手にするにはどうすべきか。

それは、ただ1つ。家族や親友を大切にすることではないでしょうか。

その理由は、これまでにも何度も述べてきたとおりで、私たちの遺伝子は狩猟社会に最適化されているからです。私たちの幸せの感じ方は、狩猟社会時代から何ら変わっていないのです。

狩猟社会は、家族と数十人ほどで構成された小さな集団がただ1つの所属コミュニティーで、彼らとの時間だけが唯一の幸せの源でした。

現代も全く同じで、家族や仲間たちとの小さなコミュニティーで過ごす時間、貴重な体験たちが、いつまでも私たちの幸せとして心に刻まれます。

お金に対する価値観の変化とともに、お金をたくさん持っていることが必ずしも幸せとは直結しにくい時代になりました。これから先、ますますお金以外で、よりたくさんの幸せを、私たちは求めていくことになります。

また、第1章にて「幸せは、ある期間において快感の総量が苦痛の総量を上回っていること」と定義しました。あなたにとっての快感となる時間、苦痛となる時間を改めてここで考えてみてください。誰といるとき、どんなことをしているときが、快感となる時間でしょうか。

たとえ今している仕事が苦痛であっても、その仕事の中で同僚たちと交流している時間は、快感を得られるものでしょう。へとへとになって疲れて帰っても、迎えてくれる家族がいれば、それも快感の時間です。週末に趣味の合う親友たちと過ごす時間もまた、快感を与えてくれます。

快感から想像されるイメージは人によって異なることでしょうが、必ずそこには、大切にしたい人たちの笑顔があるはずです。

よって、家族や親友を大切にすることが、いつの社会においても、最も幸せを手にする近道であることを、私は強調しておきたいのです。

人とのかかわりが幸せの源

ただし、情報社会においては、１つ気をつけておくべきことがあります。後の章で詳しく説明するところですが、情報社会では、人間関係の流動化が激しくなっています。「昨日の敵はきょうの友」ではありませんが、今家族や親友だったからといって、この先もずっと家族や親友であるとは限らないのです。

離婚は、一昔前に比べれば容易にできるようになりました。職を変えることも当たり前の時代になり、同僚の顔ぶれも固定的ではなくなっています。親友や友達の定義は、時代とともに移り変わっています。

コミュニティーが数多に存在する現代ですから、人の趣味趣向は時間とともに変化しますし、価値観も絶えず変わります。

気が合う友達も変わっていくほうが自然であり、いつまでも同じ人と付き合い続けるほうがおかしい世の中かもしれません。

情報社会では、人と全く接することなくお金を稼ぎ生活することができますが、そのような人はごくわずかの少数派でしょう。

狩猟社会の遺伝子に基づき、私たちは人間とのかかわりで幸せを感じるようにできているからです。

多様化し、様々な生き方が考えられる情報社会ではありますが、幸せをもたらしてくれる源泉だけは変わりがありません。その事実を受け止めた上で、さらに次章以降を読み進めていってください。

第3章　情報社会を幸せに生きるために　してはいけないこと

1　地位財にお金をかけ過ぎない

情報に踊らされる不幸を回避しよう

情報社会の世の中では、テレビやパソコンやスマホといった機器から大量の情報が発信され、受信する側には処理できる以上の膨大な情報が流れ込んでいます。

これらの情報の多くには、企業スポンサーの広告がついてくるため、過剰に煽ったり不安にさせたり、物やサービスを必要以上に買わせようとする側面があります。

私が本書を執筆している最近の例でいえば、新型コロナウイルスが世間を脅かし始めた頃、マスク不足とともに「トイレットペーパーも品薄になっている」という情報が、SNSでまず飛び交うようになり、続いてテレビやニュース媒体でも取り上げられるようになりました。

この情報に触れた人の多くは、ドラッグストアへ駆け込み、一時期トイレットペーパーが本当に店舗から姿を消しました。しかし、実際のところ、メーカーの倉庫には大量のトイレットペーパーがあり、「トイレットペーパーも品薄になっている」という情報はデマであることがわかりました。

情報発信者は、扱っている広告を1人でも多くの人に見てもらうため、このような世間で話題となっている情報を多く扱い、必要以上に過剰に扱う向きがあります。

情報社会は、本当にたくさんの情報であふれかえっています。便利な世の中に進化している半面、自分にとって必要な真の情報が、ほかの嘘の情報の中に紛れ込んでしまうこともあり、本質を見抜くのが困難な世の中になっているのも事実です。

トイレットペーパーがなくなるかもしれないというデマに踊らされてドラッグストアを転々とするような、無駄な苦労を背負わないためにも、私たちは、情報を吟味し、自分にとっての幸せの糧になるものだけを、正確に拾い上げていかなければいけません。

ここでは、情報社会で幸せに生きていくために、前章までの内容を踏まえた上で、「してはいけないこと」に照準を当てて紹介していきます。

「しなくてはいけないこと」ではなく、「してはいけないこと」なので、読んだ後に何かを強く意識し、実際に行動へ移していただく必要はありません。書かれていることを頭へしまっていただいて、実践しないように気をつければいいだけです。

工業社会では当たり前のようにしていたこと、常識とされていたことも含まれていますが、これからの情報社会では必要のないこともあります。

情報社会に適応した価値観をつくる上でも参考になると思いますので、ぜひ最後までお付合いください。

地位財と非地位財

しなくていいことの最優先事項として挙げておきたいのが、「地位財にお金をかけ過ぎない」ことです。

工業社会では、物質重視価値観が最も大きなウエートを占めていたのに対し、情報社会への移行に伴って、価値観の多様化が進んでいます。「高価な物を持っている人が称賛される」特徴を持つコミュニティーは少なくなっていく傾向にあります。高価な物を持っていることが、必ずしもその所有者の人としての価値を高めることにはつながらない時代となりました。

要するに、情報社会では、消費に関しては余計な見栄を張る必要はなく、自分の価値観に正直なまま、本当に必要なものに絞ってお金をかけていくことが大切だということになります。

ここでいう地位財とは、経済学者ロバート・フランクの定義に従えば、「他人との比較によって満足が得られる財」を意味しています。例えば、(他者より多い)資産、(他者より優れた)社会的地位、(豪華な)家、(高級)車、(高級)時計などです。

これらの共通点は、手に入れた直後は幸せを感じられますが、徐々に慣れてきて、幸せの効果が薄れていくことです。

地位財は、幸福感が長続きしないのです。お金で買える物たちの多くがここに含まれており、第2章で述べたとおり、お金の価値は下がっていく一方の時代ですから、相対的に見てこれら地位財が私たちに与えてくれる幸福感は、情報社会が進むにつれより少なくなっているともいえます。

一方の非地位財は、「比較とは関係なく満足を得られる財」を意味しています。健康、愛情、休暇、自由といったものが該当します。

これら非地位財は、私たちに素敵な体験とかけがえのない記憶をもたらしやすく、長期的な幸せとして心の中に保管し続けることができる傾向にあります。

人は、男女や年齢問わず地位財が好きで、衝動的に求めるようにできているようです。これは、本来から、比較優位性のある人間を目指し、比較優位性のある人間を好むようにできていたからと考えられています。

狩猟社会時代ならば、地位財のあるなしが死活問題にかかわっていたことから、その時代の遺伝子を受け継いでいる私たちは、現代も根強く比較優位性にこだわるのでしょう。

生き死にが問われる狩猟社会や、物質重視価値観の比重が大きかった工業社会であればまだしも、情報社会の現代では、地位財は必ずしも人生における欠かせないものではなくなりました。価値観次第では、「地位財なんてほとんど持たなくてもいい」というスタンスの人もいる時代です。

お金のかかる地位財を求めなければ、その分稼ぐために無理して働く必要もなくなります。地位財が好きな人が集まるコミュニティーとの接点を断つことで、地位財に関する刺激が減り、自然と地位財を求めなくなり、他者と比較せず、心にゆとりを持って生きる道も選べます。地位財にこだわり過ぎない人生というのは、経済的にも精神的にも優れているのです。

私自身、職業柄、地位財のある知人が多く集まる経営者コミュニティーなどの会に行くことがあります。そこでは、物質重視価値観が大きなウエートを占めている人が集まっていて、地位財の絶対量の多い人ほど称賛されます。地位財を持つことにそこまで意味を感じない価値観の私も、そのような場にいると時折劣等感を抱くこともあります。

できるだけそういったコミュニティーからは距離を置くことで、地位財で優劣をつける価値観の中に足を踏み入れないようにし、非地位財に満たされた生き方を選ぶように努めています。

地位財が悪いわけではないのですが、上ばかり見ていると頑張り続けなくてはいけないのが辛いので、別の価値観で生きるように心がけ、別の価値観が重視されているコミュニティーへの参加を積極的に行うようにしています。

高い車や服は買わない

地位財の中でもとりわけお金をかける必要がないと感じているのが車と服です。

車は、初期費用だけでなく、維持するためのコストも高額な乗り物です。車検費用やガソリン代、駐車場代、保険代、税金といったコストがかかり、少なく見積もっても、年間で40万円ほどはかかるのではないでしょうか。

ですから、「生きるために絶対に必要」という環境でない限りは、車は買うのを控えるべきでしょう。見栄のために無理してローンを組んで購入するのは最も無意味なことだと思います。

もちろん、ドライブが趣味の人は、車にお金をかける価値があると思います。ただし、維持費を稼ぐための苦痛と、車を手に入れてドライブすることの快感を十分に比較検討して、自身の価値観に合った買い物することは念頭に置くべきでしょう。

実際に車を買うときも、自分の価値観との照し合せは必須です。週末に近所のスーパーへ買い物に行くだけの用途に、５００万円の車を買う必要はありません。中古の数十万円程度の軽自動車で十分でしょう。もしくは、買うこと自体をやめて、レンタカーやシェアカーを利用するという手もあります。

車を持つこと自体が高級な趣味なのです。まして高価な車を買うことは、物質重視価値観が大きな比重を占めている人だけがすればいいのです。周りから与えられる刺激的な情報に流されることなく、本当に自分に必要かどうかを見定めるようにしましょう。

ちなみに、あと20年ほどすれば、自動運転車が実用化されて、運転しなくても車で移動できるようになるといわれています。私は運転しないので、早くそうなってほしいと願っています。

服に関しても同じことがいえます。着ている服のランクによって評価されるコミュニティーの中で生きている人であれば別ですが、服にお金をたくさんかける必要はありません。個人的には、ユニクロやしまむらなどの低価格ブランドでベーシックな服を買えば十分だと思います。

インターネットが登場するまでは、ファッションで個性を出すことが流行りでした。しかし、今は、スマホを使ってラインのアイコンやプロフィールに工夫を凝らすことで、個性を表現することができるようになりました。服以外で自分らしさを出すことが叶う現在は、服にお金をかける意味はほとんどないのです。

究極、「私服の制服化」でもいいかなとも考えています。「お気に入りの組合せの服」を3セットほど購入し、毎日同じ着こなしで過ごす生活です。

いちいち服を選ばなくて済むので私の価値観には合っていますが、毎日同じ服を着ていると、周りに変わり者扱いされるかもしれないので、現時点では実践はしていません。私服の制服化が受け入れられる時代が、早く訪れてほしいと願っています。

高級な体験はほどほどに

お金を払って快感を得る体験たちも、地位財の1つといえるかもしれません。例えば、高級な食事は、食べる料理1つひとつに喜びを得るというよりも、「他の人よりも高級な食事をした」という、比較優位性の高い体験を得るためにお金を払っているという見方もできます。ブランドを食べているだけに過ぎないのです。

ここも価値観次第でしょうが、高級な食事でも、気の合わない人との体験だと、後々振り返ることはあまりありません。幸せな思い出として頭にインプットされることはないのではないでしょうか。

それならば、たとえ安価だったとしても、気の合う家族や仲間たちとの食事のほうが、幸せな時間としていつまでも思い出としてしまっておけるでしょう。

旅行も同様で、高級ホテルや高級リゾートよりも、まず、素敵な思い出につながる同行者選びに、重点を置くべきです。

高級な食事や旅行が無駄だといいたいわけではありません。自分の価値観に合っているかどうかをよく考えてから実践してほしいのです。

「確認」のために、数回程度このような高級な体験をしてみるのもいいでしょう。そして、自分の価値観と合わないと感じたら、以後一切やらなければいいだけの話です。自分にとって本当に幸せなことだけをやっていくようにしましょう。

年齢を重ねれば重ねるほど、「安いもので済ましてはいけない」「周りがあんな高級な体験をしているのだから、自分もしないと」といった観念に詰め寄られてしまうようですが、それは工業社会以前の価値観の名残がたまたま目に入っただけであり、これからの時代を幸せに生きていくための本質とはなり得ません。

一時的な快感のためではなく、思い出す度に快感を与えてくれ、長期の幸せを提供してくれるような体験をしていくことが肝心です。そのためには、やはり、これまでにも述べたとおり、自分の価値観の見定めや、コミュニティー選びが肝心となってくるでしょう。

2　健康に悪いことはしない

やり過ぎは不健康

非地位財の中でもとくに大事にしたいのが健康です。

不健康であることは、苦痛以外の何ものでもないですし、幸せな体験は健康な体あってこその賜物です。健康には常に気を遣いましょう。

どんなことでも、やり過ぎると体に害を及ぼします。ダイエットのために炭水化物を抜いたところ、やり過ぎで病弱になってしまっては元も子もありません。ダイエットは、体調とのバランスを考えて、ほどほどに行うことが適切です。

健康でいたいのであれば、どんなことであれ、やり過ぎないことは意識するべきでしょう。「健康によくないとわかっていながら、ついついやり過ぎてしまうこと」というのは、人によって様々あるでしょうが、ここではその代表的な例をいくつか紹介します。

アルコールは飲み過ぎない

アルコールは、飲み過ぎないようにしましょう。

飲み過ぎが健康によくないのは、皆さんご承知のとおりだと思います。肝臓を悪くし、生活習慣病になりやすく、睡眠も浅くなります。酔うとトラブルを起こす人もいます。二日酔いの日は生産性が落ちます。飲み過ぎのデメリットは挙げたらきりがありません。

1滴も摂取するなとはいいませんが、アルコールを摂る際は、目先の快感ばかりを求めるのではなく、中長期で見た健康面や経済面もしっかり考慮するようにしましょう。考慮できないのであれば、お酒を飲む資格はありません。

タバコは吸わない

アルコールは「ほどほど」を推奨しますが、タバコは一切吸う必要はありません。タバコは一瞬の快感を味わうためだけのものであり、直に不健康を吸っているといって過言ではありません。経済的にもよくないことは明らかです。毎日1箱吸うと1か月で1万2，０００円、年間で14万円を超えます。いかに高級な習慣であるかがわかります。

今吸っている人は、即刻止めるようにしましょう。保険適用で禁煙治療を行うことも可能です。健康と、お金のためにも、チャレンジしてほしいものです。

カフェインは摂らない

カフェインは、夜に摂取すると覚醒作用で眠れなくなることがあります。気分の浮き沈みが起こることもあります。

コーヒーチェーンが日本中そこかしこに点在するのは、カフェイン中毒者がたくさんいるということかもしれません。カフェインの過剰な摂取は、不健康を引き寄せてしまうので、控えることをおすすめします。飲みたいなら、カフェインの含まれていないデカフェにするといいでしょう。

自分だけで悩み込まない

１人で悩み込むのは健康的ではありません。睡眠不足になり、仕事に集中できなくなり、悪化するとうつ状態になり、病院のお世話になってしまいます。

情報社会では、自分だけで悩み込むことのないよう、様々なセーフティネットが設けられています。悩んでいる時間があるのなら、これらにアドバイスを求めるよう動いてください。

電話やラインを使って家族や親友に相談することもできますし、ヤフー知恵袋といった匿名の相談室で意見を求めることもできます。公的な機関に相談することで、適切な対応策を提案してもらうこともできるでしょう。

自分だけで考え続けるよりも、客観的なアドバイスをもらったほうが、今後に役立つケースが多いです。心の負担も軽くなります。「他人の頭脳をレンタルできる」という感覚で、悩んだらまず周りのアドバイスに耳を傾けましょう。

自殺しない

自殺は絶対にしてはいけません。健康どころの話ではありません。

もし、自殺してしまったら、家族や友達はあなたの命を救えなかったことを悔やみ、一生心の傷を背負っていくことになります。

今生きるのが辛いのであれば、心療内科や精神科を受診してください。

経済的な窮地に立たされているのであれば、まずは公的な機関へ相談をしましょう。日本はセーフティネットが充実していて、経済的に困窮していたら生活保護を受給することができます。

重ねていいますが、絶対に、自殺してはいけません。

3　コスパ無視で買い物をしない

無計画に家は買わない

家は地位財の代表格といえます。見た目の豪奢な家に住むことを夢見る人も多いですが、情報社会においては、必ずしもその必要はないでしょう。近年では、ミニマリストのような、できるだけ物を持たず、できるだけコンパクトな家に住むことをよしとする新しい価値観も生まれてきています。住まいに関する考え方にも多様化が起きているわけです。

根本的な考え方として踏まえておきたいのは、人間は、生まれて死ぬまで、同じ家に住み続ける必要はないということです。なぜなら、人生のライフステージごとで、必要となってくる部屋の数が異なるからです。

１人暮らしを始めたら、１Ｋ。
結婚したら、２ＬＤＫ。
もし離婚したら、また１Ｋ。
子供が１人できたら、３ＬＤＫ。
さらに子供が１人できたら、４ＬＤＫ。

子どもが巣立ったら、２ＬＤＫ。

配偶者が亡くなったら、１Ｋ。

老人ホームに入ったら、売却や解約？

子どもが生まれて独り立ちするまで18年から22年程度しかなく、実質、小学生から社会人になるまでの15年間ほどしか子ども部屋は利用しないケースも少なくありません。そのためだけに大きな家を買うのは、贅沢な話ではないでしょうか。

人に貸し出せればいいのですが、子ども部屋だけを賃貸にするのは無理でしょう。

１部屋使わないだけで、都会であれば月に数万円分を無駄にしていることになります。仮に自分が60歳のときに子どもが独立するとしても、亡くなる90歳になるまでの30年間子ども部屋を物置にするのは大変もったいない話なのです。

子どもたちが巣立った後の家は、売却するのが得策と思われますが、家を売り買いすると、手数料や名義変更などの余計な費用がかかりますし、築年数や地価によっては、期待よりもかなりの安値で取引することになるリスクも考えられます。

このような観点でいくと、家は買うよりも借りて、ライフステージに応じて引っ越していくほうがお得という考えもできます。

どのような結論を導くかは、各自の価値観や住んでいる場所などに左右されますが、「家は買うものだ」という古い価値観は捨てて、広い視野で住む場所を選ぶようにしましょう。

生活コスト度外視で田舎に住まない

工業社会では、仕事を求めて地方から都会へ続々と若い層が移動していきましたが、最近は田舎で生活することをあえて選ぶ人も増えています。田舎暮らしをテーマにしたサイトや書籍なども増え、地方自治体による支援も強化される傾向にあります。

田舎に特別な魅力を感じていて、自身の価値観と合っていて、総合的に判断して田舎暮らしを選ぶのならいいのですが、「家が安いから」「物価が安いから」といった表面上の経済指標だけを頼りに、情報に流されるようにして田舎への引っ越しを決意するのは危険です。

土地代の安い田舎の最大の欠点は、車がないと生きていけないため、生活コストが高くなる点です。高齢となり車を運転できなくなったら、生活するのもままならなくなるかもしれません。

車なしでは生活できないほどの田舎には住まないのが無難でしょう。都会地方問わず、住むなら駅から徒歩10分程度のところが理想です。

東京都心から電車で1時間程度のところであれば、ワンルーム5万円程度で借りられるところがたくさんあります。地方都市近辺であればさらに安い家賃の部屋もあることでしょう。初期費用を抑えつつ、なおかつ生活コストも安くしたいなら、そのような場所に住むのがいいでしょう。

人がたくさん住んでいるからこそ、駅があり、コンビニやスーパーがあり、快適に暮らせる施設が充実しています。人の少ない、車でしか行けないような場所だと、買い物も一苦労ですし、何より人がいないためコミュニティーを築きにくく、非常に狭い世界の中での生活を強いられます。幸せとは程遠い、寂しい人生を送ることになってしまうかもしれません。

日本は、少子高齢化の真っ只中です。田舎の土地の価値は、今後も下がる一方という可能性が高く、今田舎に家を持つのは、経済的にも不利であると考えられます。

こういった多角的な視点で、生活する場所を見極めるようにしましょう。

保険に入り過ぎない

保険は、いざというときのリスク軽減のために有効なものですが、何でもかんでも入ればいいものではありません。入り過ぎて月々の支払いに追われる苦痛の日々になってしまったら、元も子もない話です。

保険は、本当に自分に必要だと感じる最低限のものだけにし、不必要に入らないようにしましょう。

最低限入っておきたい保険の1つが生命保険です。家族がいる場合、一家の大黒柱が亡くなってしまったら、よほどの資産家でない限りは残された家族が生活費や教育費などで困ってしまいます。子どもが独り立ちするまでは、生命保険に入っておくのが万が一の備えとなります。保障は、常に同じ額というタイプではなく、子どもが成長するに連れて徐々に減るタイプがいいでしょう。

医療保険は、入る必要がありません。日本には健康保険があり、治療の自己負担は1割から3割程度で済みます。また、高額医療費制度があるので、どれだけ大規模な治療を行ったとしても、保険適用内の治療であれば月数万円の負担で済みます。

医療保険には、入院費用や差額ベッド代などを手厚く保障してくれるものがありますが、個室のいい部屋に入院しても高等な医療を受けられるわけでありません。

私個人としては、万が一のときのための生命保険だけで十分と思っていますが、価値観やリスクへの備え方は人それぞれなので、よく吟味検討して入る保険を絞っていきましょう。

間違っても営業マンの口車に乗せられ、あるいは広告で不安をかき立てられ、そのときの気分で加入することのないようにしましょう。

営業マン経由で入る保険よりも、インターネット経由で加入する掛捨ての保険のほうが安いこともあります。様々な情報を取り入れた上で、最終的な判断は自分で行いましょう。

ギャンブルはしない

基本的にギャンブルは儲けられるようにできていません。しかし、射倖心を煽る仕掛けが随所に施されているギャンブルは、溺れやすく、散財し、ついには借金を背負う人が後を断ちません。重度の依存症です。

ギャンブルは、種類によって還元率が決まっており、いわゆる「胴元」だけが稼げるようにできていて、多くのギャンブラーが損をしている仕組みになっています。

ギャンブルはお金と時間の無駄であると、ここでは言い切ってしまいましょう。「ギャンブルはしない」に限ります。

ゲーム内課金のあるスマホゲームが年々増えていますが、これもギャンブルと似たような性質があります。例えば、ガチャというシステムは、射幸性があり、ギャンブルとほとんど変わりません。

ゲームがサービス終了となってしまえば、掛けてきたお金も水の泡です。

幸せな思い出として残るならいいかもしれませんが、その場限りの快感を求めて身銭を切っているのだとしたら、人生全体における幸せの度合いは雀の涙です。長期的な幸せを与えてくれる存在でないのであれば、即刻断つようにしましょう。

ギャンブルというのは、遺伝子レベルでのめり込みやすいタイプの人がいるようです。遺伝子に依存症の因子が組み込まれているかもしれないということです。

これは、アルコールやタバコと同じようなもので、依存症を脱するには相応のサポートが必要の場合もあります。自分の力だけではギャンブルから抜け出せないようなら、然るべき人や機関に相談するのがいいでしょう。

4 人間関係に悩まない

結婚や家族にとらわれない

様々な価値観を持った、様々なコミュニティーが存在する情報社会においては、人生もまた人それぞれであり、画一化されるべきものではありません。かつては、結婚して、家を買い、子どもを育てることが、理想的な人生のように語られる時代もありましたが、個人の価値観が複雑化している現代では完全な幻想となりました。

結婚して一人前という価値観が、その人を傷つけることもあります。現代では、結婚適齢期を過ぎたばかりの男性のおよそ10人に３人、女性の10人に２人ほどが、結婚していない状態（離婚も含む）でいます。

これは、「結婚したくてもできない」人がいるだけでなく、「結婚しない人生をあえて選んでいる」人が増えていることも、要因となっているのでしょう。

テクノロジーの進化した現代では、結婚生活と同等、もしくはそれ以上に楽しいことは山ほどあります。結婚に向いている人もいれば、そうでない人もいます。結婚にとらわれる必要はないのです。

結婚に関する現代の問題点や解決策などについては、拙著『なぜ、あなたは結婚できないのか――医者が教える幸せな結婚』において深く掘り下げています。理想の結婚相手と出会う近道にも触れているので、気になる方は１度お手に取ってみてください。

結婚と同様、家族にもとらわれる必要はありません。家族コミュニティーは、「逃げられないもの」と思い込んでいる人もいるようですが、情報社会においては全くのでたらめです。ほかにたくさんのコミュニティーがあるのですから、それらを楽しむ時間をつくり、家族との接点を減らすことは容易にできます。

遺伝子が近く、生まれたときから一緒に暮らしてきた親や兄弟とはいえ、必ずしも気が合うとは限りません。仲が悪かったとしたら、夫婦であれば離婚すればいいかもしれませんが、子どもはひとりで稼げるようになるまでは生活ができませんので、親子は家庭に縛られることになります。閉鎖された家庭環境であるからこそ、親との折合いがよくないと、喧嘩が絶えないばかりではなく、家庭内暴力にまでエスカレートしてしまうこともあります。

家族という呪縛にとらわれて、仲よくしようと努力する必要はありません。ときには距離をとることがベストということもあります。新しいコミュニティーとの出会いを求めるよう動きましょう。家庭内でトラブルを抱えているのだとしたら、周りの人に相談したり、公的な相談窓口に問い合わせるようにしましょう。

友達をたくさんつくらない

時間は有限です。友達をたくさんつくってしまうと、1人当たりに接する時間が短くなり、気の合う親友や友達と関係を深める機会を失うことになってしまいます。結果、人間関係が希薄になってしまい、幸せな体験や思い出をつくることが困難となってしまうおそれがあります。

第5章で詳しく説明するところですが、友達はたくさんつくらず、価値観の合う本当に仲よくしたい人とだけ、積極的に交流するようにしましょう。無理に友達を増やす必要はありません。ましして、「見栄を張りたいから」「周りの人より友達の数で優位に立ちたいから」というような理由で知合いをたくさんつくっても、無理な努力をするだけでメリットなどほとんどありません。
スマホの普及によって、どこでも誰とでもコミュニケーションをとることが可能となりました。人間関係の流動化が起こっており、仲がよかった友達でも、疎遠になることはしばしばあります。これは情報社会の特徴であり、致し方ない面もあるということです。

苦手な人とはつながらない

価値観の合わない苦手な人と無理に仲よくなる必要はありません。工業社会までは、地域や職場内などで、生きるために仕方なくつながる苦手な人というのがいたかもしれません。しかし、コミュニティーが豊富にあり、流動化の激しい情報社会では、苦手な人とは完全に距離を置くことが可能となっています。

職場内に苦手な人がいたら、仕事の上の付合いだけと割り切り、業務時間外では一切接点をつくらなければ、お互いが衝突し合って苦痛を感じる機会を減らせます。こちらが距離を置けば、向こうも察知し、ほかの人と付き合うようになるので、気にする必要はありません。

職場の飲み会は、かつては強制的な拘束力を持つ傾向にありましたが、パワーハラスメントやアルコールハラスメントが叫ばれる今は、その力も失いつつあります。

飲み会の参加率が低い人は社内評価や出世に響く、そんな旧体制な会社は淘汰されつつあります。同じコミュニティー内にいたとしても、必ずしも距離を近くすることはないのです。これが情報社会ならではのコミュニケーションの特徴です。

5　なるべく自分で家事をしない

家事からの解放

まだまだ「家事は自分でするもの」という固定観念がこびりついている風潮の日本ですが、テクノロジーの進歩によって家事の多くは自動化が可能となってきました。

さすがに洗濯板で服を洗っている人はほとんどいないと思います（趣味でされているのなら別です）が、時代が進むとともに家事は楽になっていくのは当然なのです。家事から解放され、より自分の好きなことに時間が割ける現代こそ、理想の世界です。

私は、「なるべく自分で家事をしない」という意思を推奨したく思います。ここでは、その具体例と推奨する理由も述べていきます。

無理してご飯はつくらない

ご飯をつくると、材料費だけでなく、スーパーへの買い物、調理、後片づけなど、時間の浪費を考慮する必要があります。その時間をほかのことに使ったほうが有意義だと感じたのなら、無理に自宅で料理する必要はなく、外食するか、買って自宅で食べるか、配送サービスなどを利用しましょう。

少し前だと「コンビニの弁当やスーパーの惣菜は栄養によくない」といわれていた時代もありましたが、実際のところそんなことはなく、市販の弁当や惣菜も栄養面についてよく考えてつくられています。毎日同じメニューだと栄養が偏り不健康になる場合もありますが、きちんと変化をつけて選んでいれば、弁当や惣菜でも十分に健康を保つことができます。

最近では、ウーバーイーツなどの配送サービスも充実しています。若い方はもちろん、お年寄りの方にとってても助かるシステムが確立されてきました。自炊にこだわらず、これらのサービスを適切に利用し、時間を有効に使う人生を求めていきましょう。

もちろん、趣味としてご飯をつくることは否定しません。手づくり料理のよさというものもありますし、家族で楽しみながら自炊をするというのも幸せな時間を与えてくれるでしょう。

申し上げたいのは、あくまで既存の考え方に縛られてはいけない、ということです。「自炊しなくちゃ」と自分を追い込んでいる人は、考え方を切り替え、自分に合った時間の使い方と家事の仕方を考えていきましょう。

掃除しない

テクノロジーの進化によって、掃除も効率的かつ簡略的に行えるようになっています。自動掃除ロボットの「ルンバ」「ブラーバ」などは、自動で床掃除してくれるので便利です。ただし、床に置いてあるものは自分で片づける必要があります。自動掃除ロボットとの協力体制で掃除は行っていきましょう。

将来的には、片づけをしてくれるＡＩロボットも登場するかもしれません。そうなれば、いよいよ掃除は人間がするものではなくなる時代となります。

掃除は、自分でしたほうが早いという考えもありますし、掃除が好きな人もいますから、必ずしも自動掃除ロボットが必要とは思いませんが、家庭への導入は検討に値するでしょう。

洗濯しない

洗濯機は、主婦の家事労働を最も大きく減らした発明ともいわれています。時間と労力の削減になります。

最近では、洗濯だけでなく、乾燥までも担ってくれる全自動洗濯機が登場しています。これが非常に便利で、別に乾燥機を設置したり、いちいち外へ干しに行く手間が省けます。いずれは自動的に畳んでくれる機械も開発されるかもしれません。

6　情報を集め過ぎない

不必要な情報を受け取らない

情報社会では、自分では処理できないほどの大量の情報が、パソコンやスマホなどの情報機器を経由して入ってきます。時には求めていたものとは違う情報がなだれ込んできて、結果的に無駄骨を折ってしまうこともしばしばあります。

例えば、特定の物事に関する情報を求めて、グーグル検索やSNSなどで調べたところ、求めているものとは全く関係のない情報が気になってしまい、ついつい追いかけてしまい、時間を無駄に過ごしてしまった経験は誰しもあるのではないでしょうか。

私は、よくユーチューブ動画でフォローしている方の動画を観るのですが、関連動画で出てくるタイトルの気になった動画までつい視聴してしまい、気がついたら想定以上の時間が経過していたことがあります。

場合によっては、広告を叩いてしまい、余計な買い物をしてしまう、なんてこともあります。無償の情報を求めていたはずなのに、不要な情報に踊らされた結果、お金を払ってしまう。情報社会が形成した賛否両論ある側面といえるのではないでしょうか。

情報社会で私たちが意識すべきなのは、不必要な情報を遮断し、必要な情報のみが入ってくるように、フィルタリングしていくことです。

情報提供者をフィルタリング

情報を仕分けるコツとしては、フィルタリングが上手な人の情報を収集することです。

ツイッター、インスタグラム、フェイスブックなどで、１日に何度もさほど有益でない情報を発信している人は、ミュートもしくはフォローから外してしまいましょう。上手にフィルタリングしてくれて、有益な情報のみを発信している人をたくさんフォローしましょう。

友達でも、有益でない情報を発信し続ける人とは、一定の距離をとるべきです。会っても愚痴しかいわない人や、自分の価値観に合わないことばかり話す人などが、不必要な情報を提供する人です。そういった人たちは、気づかぬうちに周りから距離を置かれ、友達を失っている可能性があります。

私自身、有益でない情報はあまり発信しないように注意していますが、おそらく多くの人にミュートされていることでしょう。価値観の合う合わないはありますし、私にとっての有益な情報と、周りにとっての有益な情報が同じとも限りませんから。

要は、あまり気にし過ぎないことです。多様化の時代ですから、合う人合わない人がいるのは当然なのです。友達だと思っていた人に距離を置かれたとしても、気にせず、近くの友達により一層親しく接するようにしましょう。

ヤフーニュース、ラインニュース、スマートニュースなどのニュースアプリは、ＡＩが情報を選別し、自分の興味関心のある情報をフィルタリングしてくれています。

ただし、タイトルと内容に大きな乖離が生じている「釣タイトル」の記事を読まされることもしばしばあります。もう少し上手にフィルタリングして欲しいと思うこともありますが、進化を待ちたいと思います。

テレビは買わない

テレビは、1家に1台や1部屋に1台と称される時代もありましたが、もはや昔の話です。地位財のところで紹介してきた家や車や服は、人によってはお金をかけるべき必要があるかもしれませんが、テレビについてはもはや買う必要などない、買う理由の見当たらないものではないでしょうか。

テレビは、スイッチをオンにすると受動的に映像が流れてきて便利ではありますが、数チャンネルしかなく選択肢が限られています。また、テレビを買って見ると、ＮＨＫへ受信料を支払わなくてはいけません。

テレビにはＣＭがあり、余計な情報が飛び交っているので、受動的に観ているだけでも購買意欲を刺激され、お金を使いたくなる衝動に駆られることがあります。ＣＭを見なくなれば、余計な消費欲求は刺激されず、お金を使わなくて済みますので、テレビは買わないのが賢明です。

ドラマやアニメなど、どうしても観たいものがあるならば、各局が配信しているオンデマンドサービスなどを利用すればいいだけです。これならパソコンやスマホでも観ることができます。時間に関係なく、観たいときに観られるのがメリットです。基本課金制ではありますが、テレビを定期的に買い替えるよりもトータルで安く済むのではないでしょうか。

災害などの緊急時は、インターネットコンテンツ、例えばヤフーニュースなどで速報が出ますので、テクノロジーの進化とともにテレビの社会的な役目は減りつつあります。

不必要な情報を遮断するためには、テレビを買わない、もしくは観ないことが一番です。

他人と比べない

地位財のところでも述べましたが、人は他人と自分を比べることで、「周りはもっといい暮らしをしている」と劣等感を感じてしまったり、「あの人も持っているから」と余計な買い物をしてしまいがちです。何より劣等感を感じると、不幸せな気持ちになります。

とはいっても、太古の昔の原始時代から、人間は他人と比較して、競争して生きてきました。優越感や劣等感があるからこそ努力をし、競争と努力が人類を発展させてきた側面もありますので、他人と比べたがるのは、どうしてもある程度は致し方ないことかもしれません。

優越感や劣等感によって、資本主義は発展し、テクノロジーは進化してきたのです。情報社会は優越感と劣等感の賜物かもしれません。

フェイスブックやインスタグラムなどのSNSで他者とつながっていれば、友達や知人の生活が見たくなくても視界に入ってくるようになってしまいました。優越感や劣等感を感じる機会がより増えてきたということです。

つい100年前の人と比べたら、多くの人は豊かな生活を送り、健康に長生きできるようになっています。それだけで十分に幸せなことであり、これ以上他人と比べて優越感に浸りたいという欲望を持つことは愚かなことかもしれません。

人間の遺伝子レベルで、他人と比較したがる衝動を持っているのかもしれませんが、例え比較したとしても、劣等感を持つ必要はありません。

自分は自分、他人は他人。それぞれのコミュニティーがあり、価値観があり、幸せの形があります。

本書で一貫してお伝えしているこのテーマを忘れずに、仲間たちと楽しく健康に生きられている今に、感謝する日々を送るようにしましょう。

何もしない（ということを楽しむ）

休みの日に「何かしないといけない」と思ったあなたは、「何かしなくてはいけない病」にかかっているのかもしれません。

休日は、ゆっくり何もせず、ぼうっとしながら過ごすのも選択肢の１つです。自信を持って、何もしないことを楽しみましょう。たまには脳をゆっくり休ませるのも大切です。

エネルギーに溢れている人は、いつも「何かしないと」と自分を追い込んでしまいがちです。「常に生産性の高いことをしないと」と考えて行動している人が、私の周りにもいます。人生に疲れてしまわないのかと心配になります。

私たちの生活の周りには、「何かしなくてはいけない」と強迫されてしまう罠がそこかしこにあります。SNSでつながっている人の海外旅行の投稿とか、テレビやインターネットの広告とか、あらゆる場所に「何かしろ」と命じるシステムが潜んでいます。

情報社会だからこそ、情報の集め過ぎには細心の注意を払うべきです。何かしようと思うばかり、暇さえあれば無意識にスマホを手に取って情報を集めてしまうという行為は、「何かしなくてはいけない」病の初期症状といっていいでしょう。暇つぶしの癒しの時間のはずが、必要以上に気持ちを煽られたり、求めていたものとは違った感情が芽生えてしまったりと、想定外の結果を招いてしまうことにもなりかねません。

最悪の場合、情報の集め過ぎによって気持ちが塞ぎ込んでしまい、鬱状態になり、自殺に追い込まれる人もいるのが、情報社会の癌ともいえる側面です。自粛を余儀なくされた2020年のコロナ禍においては、よりその傾向が強くなっているので、情報の集め過ぎには警戒すべきです。

もちろん、情報収集によって行動意欲を掻き立てることも大切であり、人や社会を前進させる源になっているのも事実です。

ただし、違う角度から見れば、何かしないといけないと思うあまりに、貴重な体験を得るために高いお金を支払ってしまったり、そのお金を稼ぐため苦痛な労働をしたり、無理をして体を壊してしまうこともあります。

私としては、ほどほどに働いて、ほどほどに休むのが適切かなと考えています。

価値観は、それぞれではありますが、「何かしなくてはいけない病」にかかっていると感じたら、何もしない日を設けてみてはいかがでしょうか。自分にとって、「今本当に必要なものは何なのか」が見えてくるかもしれません。

第4章　情報社会の幸せな働き方

1　たくさん稼いでも幸せとは限らない

幸せの限界値

ある調査によれば、1人当たり年収が800万円（家族がいる場合は世帯年収1，500万円）を境に、収入が増えても幸福度が上がることはないと報告されています。また、同様に、金融資産は、1億円以上増えても幸福度は上がらないのだそうです。幸福感が麻痺してしまうのでしょうか、年収や金融資産が与えてくれる幸せには限界があるということです。

お金があれば、生活は目に見えて豊かになるでしょう。しかし、物質的な豊かさを得たとしても、がむしゃらに働いて仕事に追われ続けることで、過労やストレスで不幸せになることも考えられます。

年収と幸福度に関する調査から、人間は、お金をたくさん稼げば稼ぐほど幸せになれるかというと、決してそういうわけではないという事実を物語ってくれています。

しかし、本当にそうなのか、という疑問もよぎります。本当に、たくさん稼いでも幸せとは限らないのでしょうか。

物質重視価値観に基づいて人生の目標設定していた自分

決して順風満帆とはいえませんが、私は、苦労の末、医学部を卒業し医師となり、クリニックを開業して、がむしゃらに働き、経済的には安定するようになりました。物質重視価値観に基づいて人生の目標設定をしていました。

最初のうちは、自分の夢が実現して幸せでしたが、時間とともにその感覚が徐々に失われてきました。これには非常に思い悩みました。これからの人生をどのようにして生きていけばいいのか、戸惑い悩む日々でした。

そして、幸せについて時間をかけて学んでいくうち、遺伝子のことや価値観のことなど、本書でこれまでお伝えしてきたエッセンスを知り、自分の価値観が大きく変わりました。

人間には、お金だけでなく、家族、親友、友達などの人とのかかわり、仕事以外でも、ホームページで情報発信したり、作家として執筆したりと、自分のやりたいことなどをして生きていくことが幸せにつながるということを身をもって体験したというわけです。

価値観に合った稼ぎ方を

断わっておきたいのですが、これはあくまで私の価値観と経験の話であり、一般的な話ではありません。私は、物質重視価値観に従ってライフプランニングをしてきたのですが、それが私にとっては合っていなかったというだけの話です。

医者という職業柄、また経営者という立場でもあるので、私の周りには高い収入を得ている人がいますが、その中には、たくさんの稼ぎを得ていながら幸せそうには見えない人もいます。

お金に執着するあまりに、お金が入ってこなくなる不安に追いかけられ続け、楽しくない、幸せではないことを、せっせとつまらなそうにこなしている毎日なのかもしれません。

「たくさん稼がなくても、幸せになれる方法がある」。

これを知った瞬間、私は、かねてからの「お金を稼がなくてはいけない」という強迫観念から解放され、心の平穏を手に入れて暮らしていけるようになりました。

たくさん稼ぐことが悪いというわけではありません。その人の価値観によって、たくさん稼ごうと頑張ることが、幸せにも不幸せにもなり得るということです。

たくさん稼いでも、必ずしも幸せとは限らないのです。

お金と幸せは、切り離して考えるべきです。

2　仕事がすべてじゃない

成果は遺伝子にも左右される

「頑張ればお金を稼げるようになる」。

「頑張りが足りないから稼ぐことができない」。

このような思込みが、自分を苦しめることもあります。

顔や体つきや血液型が違うのと同じように、人間の能力も遺伝子による個体差があります。しかし、社会には、どうにも努力や頑張り次第でどうにかなるという、努力教のようなものが浸透している節があります。このような価値観は、ときに人間を傷つけてしまうこともあります。人間は、同じ能力を持って生まれてきたわけではなく、スタート地点も伸びしろも同じではないのです。

足の速い人もいれば、遅い人もいるのと同じように、仕事で成果を出せるかどうかは、遺伝子によってある程度決まっているはずです。「努力すればどうにかなる」「努力しないから仕事のできが悪い」という考えは、ケースバイケースですが、間違っていることもあり得るわけです。

仕事で成果が出せるかどうか、そしてお金を稼げるかどうかは、その人の努力だけではなく、遺伝子のほか、環境、運などによっても大きく左右されてしまいます。

仕事の内容によって、必要な能力は変わってくるわけで、得意不得意があります。得意な仕事が、現代ではあまり稼げないことだったとしても、たくさん稼ぐ必要のない情報社会では、悲観する必要はありません。まして、無理をしてまで不得意だけど稼げる仕事に就く必要などないのです。

頭がよく、グローバル企業で働いている人も、無理をして病気にかかったり、追い込まれて自殺してしまうこともあります。家が金持ちで、何不自由ない生活をしている人も、引きこもりになってしまうことだってあります。宝くじで大金が手に入った運のよい人も、一時的な快感ばかりに溺れてすぐにお金が底をついてしまい、転落していくこともあります。

逆もまた然りで、低収入で金銭的には貧しいけれど、楽な仕事で幸せに生きている人や、運に恵まれていなくても、楽しく毎日を過ごしている人はいます。

自分なりの幸せを見つけよう

「仕事がすべてじゃない」という考え方によって、「稼がなければ不安」という観念からは解放されますし、自分にとっての本当の幸せとは何かを考える猶予が確保できます。

それでは、あなたにとっての幸せは何なのかという話になるのですが、これは各々の価値観次第になってくるので、詳しく言語化することはできません。

ただ、ここでは、私の例を挙げることで、幸せが人によって様々であること、そして幸せは自身の遺伝子や価値観から生まれてくるものであることを、感じ取っていただきたいと思います。

医者の仕事は、今あるクリニックの経営を安定させていくことを現状の目標としています。それでは、私が幸せを感じられる範囲での、さらなる社会への貢献は何かというと、このように書籍やインターネットを介して、人生を幸せに生きていきたい人へ情報発信することです。

情報があふれ過ぎていて、真に必要な情報を見失ってしまっている人に、良質な情報を届ける。ここにエネルギーを注ぎたいと考えています。

良質な情報を届けられ、「役に立ったよ」「悩みが軽くなったよ」といった感想をいただけたとき、私にとっての幸せを得ることができます。

今後は、そのような活動により一層の人生を費やしたいと考えているのです。その思いの結晶の1つが本書というわけです。

幸せになりたいという欲求が誰よりも強く、その結果、幸せになるための方法をこれまでたくさん探ってきました。これまで培ってきた私のインプットとアウトプットを、無理をして自分を追い込んでしまっている人に届けて、救いたい。これが、現段階での私の願いであり、私自身が幸せにたどり着くための方法の1つなのです。

以上が私なりの幸せの話です。ほかにも前述のとおり、家族や親友と過ごす時間にももちろん幸せを感じています。これは、おそらくすべての人に共通する幸せの形ですので、後に説明します。

あなたにも、あなたに合った幸せを得るための体験があるはずです。趣味に没頭することだったり、ボランティアに精を出すことだったり、職人や研究者としてプロフェッショナルの道をひたすら究めることかもしれません。

お金や仕事にとらわれることなく、自分の心に正直になり、自分の遺伝子や価値観とよく照らし合わせながら、自分の幸せの形を探していくようにしましょう。

3　お金と労働のバランスを見極めよう

同じ仕事内容でも苦痛感は人それぞれ

第2章「稼げなくても大丈夫」において、独身なら年収300万円、子どもがいる家庭でも世帯年収400万円があれば、最低限の衣食住が調った生活を送ることができると述べました。

それ以上の稼ぎを得ることは、労働への対価として得るお金により交換できる快感と、労働のために感じる苦痛とのバランス次第ということになります。

労働をしても苦痛をさほど感じないのであれば、快感につながるお金を稼ぐことを優先することになります。快感と苦痛をトータルすると快感のほうが勝るので、お金と労働のバランスがうまくとれた幸せな生活が送れることでしょう。

逆に、労働をすると苦痛を強く感じるのであれば、お金を稼ぐことを優先する人生は得策ではありません。お金をなるべく消費しない節約生活を心がけたり、労働時間を削るなど、労働の苦痛を減らすことに専念しましょう。人材の流れが激しい情報社会であれば、転職も容易にできるはずです。

同じ仕事内容だとしても、苦痛と感じる人もいれば感じない人もいます。これは、遺伝子や価値観によって決まるものです。ですから、隣の同僚が苦痛を感じずに仕事をしているからといって、「皆もやっていることだから」と暗示をかけるようにして、無理に頑張る必要はありません。

自分の価値観と合わないのであれば、その仕事から離れるのも手段の1つです。今は、それが可能となっている時代なのです。

不幸とお金を交換する必要はない

苦痛の少ない年収400万円の仕事と、苦痛の多い年収600万円の仕事であれば、前者を選ぶ人のほうが多いのではないでしょうか。両者の差額である200万円は、いわば苦痛の価値です。20歳から70歳まで働き続けたとして、その差は200万円×50年の1億円。果して50年間味わう苦痛に、１億円の価値はあるのでしょうか。

仕事を選ぶ際は、労働による苦痛とその労働によって得られるお金でできる快感のバランスが、どの程度であるかの見極めが重要になります。快感よりも苦痛が優っている苦痛優位の仕事は、いくら年収が高くても選ぶのは得策ではありません。最低でも、快感と苦痛の差引きでプラスマイナスゼロの仕事を選ぶべきです。

快感が優っている快感優位の仕事なら最良です。機械とＡＩが苦痛な労働を代わりに引き受けてくれる時代に着々とシフトしているのですから、今後はトータルして快感の多い仕事が増えていくと考えられます。

年収よりも価値観で決める

お金を稼ぐことを否定しているわけではありませんが、たくさん稼がずとも楽しめる趣味やコミュニティーが充実している情報社会において、必ずしも苦痛な労働にとらわれる必要はありません。

お金と労働のバランスが合わないと感じるのであれば、働き方を一変させるのも、情報社会が加速していくこれからの時代には一考の価値があります。例えば、仕事を週3日や4日にし、残りの日はお金のさほどかからない趣味を楽しむという人生の選択も、１つの価値観として受け入れられていくことでしょう。

自身の価値観と照らし合わせた結果、年収が低い仕事をあえて選択することも、人生の１つということです。苦痛を受け入れて年収の高い仕事をこなしても、寿命を縮めるだけかもしれません。お金と労働のバランスには敏感になり、柔軟にワーク&ライフスタイルを見直すようにしましょう。

4　自分に合った働き方を見つけるために

仕事の7つの分類

これまで労働については、「AIが人間の仕事を代わりに担う」「人間が働かなくてもいい時代が来る」といった主旨のことを述べてきました。今は、そのような社会へ移行するための過渡期であり、働かなくてもいい時代が到来するのはもう少し先のこととなりそうです。

ただし、そういう時代が来ることを想定して、準備しておくことは大切です。AIが情報を支配する社会へ向けて、なるべく失敗の少ない、自分に合った仕事の仕方をここでは提案していきます。

ここまでは、仕事や労働に対するスタンスや概念といった部分が中心でしたが、ここからは生々しく、より具体的な働き方の話になります。もし、あなたが学生で、これから将来の道を決めるのであれば、今後の就職活動の糧になることでしょう。現在お子さんがいて、どのような進路を歩ませたいかを考えている方にとっても、参考になるはずです。そして、もちろん、現在の働き方に疑問を抱いている方にとっても、お役に立てるはずです。

まず、仕事を大きく7つに分類します。すなわち、「グローバル大企業の社員」「国内大企業の社員」「資格のある社員」「前記以外の社員」「パート（短時間労働者）」「自営業」、最後に、厳密には仕事に分類しませんが「仕事はしない」も含めた、7つです。

各々について、詳しく概要を説明します。

① グローバル大企業の社員

最難関大学を卒業すれば、新卒採用されます。付加価値の高い人なら、ヘッドハンディングで中途採用もあり得ます。世界の時価総額トップ100に入るような、世界を舞台に市場を築いているのがグローバル大企業です。グーグル、アマゾン、フェイスブック、アップルなど、情報産業が2000年以降に急成長していますが、ほかにも世界中でビジネスを展開しているグローバル大企業は存在します。

年収は1，000万円を優に越しますが、その分、求められる能力や与えられる仕事の責任は大きくなります。

② 国内大企業の社員

難関大学を卒業すれば、新卒採用されます。日経平均株価を構成するような日本国内の大企業が主体です。国内だけでなく、海外企業の日本法人も含まれます。

③ 資格ありの社員

資格がないとできない仕事は、人数が限定されているため、労働市場での価値は上がりやすい傾向にあります。

ただ、国内の人口減少に伴い、資格が必要な仕事が少なくなる割には、有資格者数は変わらない傾向にあり、今後は市場価値が緩やかに落ちていくと予想されます。

資格により収入は様々ですが、美容師や介護士や保育士などは、資格を必要としない一般的な社員とさほど変わりません。資格の取得が難しい傾向で希少性の高い、公務員や弁護士、医師などは、比較的収入が高い傾向にあります。

④ 前記以外の社員

7つの仕事の分類の中で最も人数が多いタイプです。高卒、短大卒、大卒、大学院卒の順で、給与が高くなっていく傾向にあります。

⑤ パート（短時間労働者）

社員とは異なり、比較的自由に働く日数を決めることのできる仕事です。正社員として週5日は働くことはできないが、週3日なら働きたいというような希望の人がパートの仕事に就きます。

パートに分類される仕事を複数掛け持ちして生計を立てる人もいます。社員に比べて責任は小さい立場にあり、あえてパートで生活していくという選択もあります。

⑥ 自営業

自分で事業を立ち上げ経営していく仕事です。期待値としての収入は、社員よりも低いかもしれません。経営が軌道に乗れば大きな収入が見込めますが、うまくいかないと収入は安定せず、赤字になることもあります。

⑦　仕事はしない

仕事はしないというのも選択肢の1つです。何かしらの不労所得を得ているのだとしたら、このような生き方も悪くはないでしょう。

仕事をしていないと、本来であれば仕事をしているはずの時間でさえも、お金を浪費してしまうリスクが出てきます。無料で楽しめる趣味をいくつか掛け持ちすれば、そのような心配もなくなるかもしれません。情報社会においてはそれも可能となっています。

また、これまでにも述べてきたとおり、ＡＩが情報を支配するような世の中が熟せば、仕事をしない人がたくさんいて当然の時代がやって来るかもしれません。ただし、それはまだまだ先の話です。

理想は大企業の社員

以上のように仕事は7つに分類することができますが、収入面から考えると、グローバル大企業や国内の大企業を目指すのが理想といえます。難関大学に入れればそれも容易い話かもしれませんが、なかなかそうもいきません。そこで、大学卒業は前提として、一般的な企業に社員として勤め、付加価値のある専門性を身につけ、大企業への転職を遂げるという道も、キャリアの積み方の1つです。高収入で安定した生活を送ることができるでしょう。

人材の流れが激しくなっている情報社会では、転職市場は活性化の一途です。必ずしも1つの企業で定年まで勤めあげることができるわけではありませんし、人口の減少に伴い大企業も人手不足が問題化しています。大企業に入るなんて夢のまた夢などと思わず、果敢にチャレンジしてみてはいかがでしょうか。方法は、業種によってまちまちなので、ここでは詳しく説明できませんが、日々の中で常に専門性を身につける姿勢でいることがポイントとなるはずです。

また、昨今は、働き方改革が進んでいます。改革の導入は、大企業から行われることになるでしょうし、実際に様々な改革が取り組まれています。正社員として週3日だけ働いて生活していくことも、これからの時代は十分選ぶことのできる働き方です。このように働き方に対する柔軟性からしても、大企業を選ぶことは意義があるといえます。

グローバル大企業は、世界中から優秀な人材が集まった組織であり、スポーツの世界でいえば世界選手権みたいなものです。最難関大学を卒業する学力だけでなく、グローバル大企業で働く能力も必要とされます。能力が評価されなければ、肩身を狭くして苦しく仕事を続けることになり、最悪の場合は解雇されることもあります。

自身の価値観によっては、必ずしも大企業が自分にふさわしい職場ではないかもしれません。しかし、人生の選択肢の幅を広げる上では、また情報社会を生き抜く上では、まずは大企業を目指した人生設計が最善といえます。

大学はシグナリングの役割がある

大企業は、新卒で学生を採用します。新卒採用した人材にお金と時間を投資し、専門性を身につけさせます。会社に入らないで専門性を身につけることもできるかもしれませんが、最も効率的かつ現実的に専門性を身につけるには、実務環境や教えてくれる上司が必要です。

「入社後に専門性を身につけるのなら、大学など卒業しなくてもいいのではないか」といわれることもあります。しかし、私は、一部の成果を出せる優秀な子ども以外は、大学を卒業して会社に就職し、専門性のある教育を受けるべきだと思います。

少し頭がいいくらいの子が、教育への投資なくして、18歳になったらいきなり成果を出せるようになるとは思えません。

現状、日本の多くの大学は、社会で通用するだけの十分な専門性を身にさせてくれる機関にはなっていません。

しかし、大学にはシグナリングという大きな役割があります。それは、つまり、学歴という名のシグナルによって、「会社で教育すれば伸びるだろう」という人材を示してくれる機能です。学歴社会とはシグナリングの社会なのです。

なぜ、このような学歴というシグナルを設けているのかというと、いろいろな理由があるでしょうが、ある程度の足切りラインがないと、面接コストが高くなるのが1つの理由としてあるでしょう。

ある企業に１０００人の応募があったとしても、実際には書類選考で判断され、数百人にまで減らされます。１０００人全員を面接するわけにはいかないのです。

転職しても稼げる仕事を身につける

専門性がない人は、専門的な能力を要求されない、誰でもできる仕事で給料をもらいます。誰でもできる仕事ですから、給料の上がる可能性は低いでしょうが、専門性がある人は、専門性の必要とされる仕事で、比較的多くの給料をもらいます。

総じて、より活性化していく情報社会に備えて、勤務の自由度が高い、自分の価値観に合った職場に就職あるいは転職できるよう、付加価値の能力を身につけておくべきです。

5　なぜ、日本人の給料は上がらない？

グローバル化の因果応報

日本人の平均給与が上がらなくなったといわれていますが、なぜでしょうか。

戦後から１９８０年代までの日本は、アメリカやヨーロッパなどの先進国の労働者と競争していました。さらに、冷戦終結後、社会主義国が資本主義国になった１９９０年代以降は、中国や東南アジアなど、開発途上国と呼ばれていた国々の労働者とも競争するようになりました。

日本人を１人当たり月給30万円で雇い、土地代の高い日本に工場を建設して稼働させるよりも、アジア開発途上国で現地人を１人当たり月３万円で雇い、土地代の安い場所に工場を建設して稼働させるほうが効率的です。

工場は、続々と開発途上国へと移転し、日本の工場は閉鎖され、工場で働いていた日本人は別の仕事をするようになりました。

開発途上国の給料の安い労働者に仕事が流れていけば、あぶれ気味な日本人労働者の給料は上がらない、もしくは下がるのは自然な話です。今後もグローバル化の流れが加速するにつれ、より一層、日本人の給料が上がることは厳しくなります。

グローバル企業の給料が高い理由

70億人がネットワーク化された情報社会では、ごく一部のグローバル企業が莫大な利益を生み出しています。そして、その利益で、付加価値を生み出す優秀な頭脳の人材を高給で雇っています。

グローバル企業には、優秀な人材が自然と集まるのに対し、利益の薄い中小企業は、安い給料でしか人を雇えず、なかなか優秀な人材が集まりません。企業の経営状態は完全な二極化となっています。

なぜ、グローバル企業は、優秀な人材を高給で雇えるのでしょうか？

例えば、売上を10％上げることができる優秀なブレーンを持つ人材がいたとしましょう。日本国内の市場のみであれば、１億円の売上を1億1，０００万円にすることができますので、その上積み分である１０００万円の一部を報酬対価として支払うことができます。一方の、グローバル化し世界を市場としている企業に、売上を10％上げることができる人材が就いたら、１００億円の売上を110億円にすることができ、単純に給料を先ほどの100倍以上にすることができます。

極端な例かもしれませんが、グローバル化した経済ではこのような理屈が起こるのです。突出して優秀な頭脳にはたくさんの給料が支払われ、それ以外の労働者においては、たとえある程度の優秀な頭脳を持っていたとしても、高い給料がつきにくい傾向が強くなっています。労働者の収入格差は広がるばかりです。

戦後の高度経済成長を引っ張っていった世代は亡くなりつつあり、稼いだ富は子や孫世代に移転しており、財産を相続した世代とそうでない世代にも格差が広がっています。とはいっても、戦争で焼け野原にならなかったアメリカに比べると格差は少なく、日本は最も格差が少ない国の1つといわれています。

お金がかからないからそれでもいい

以上のような理由により、日本人の給料は上がらなくなっていて、またこれから先も上がる見込みはなく、むしろ下がっていく見通しとなっています。

しかし、だからといって悲観する必要はありません。

ここまでのまとめとしていえば、現代は、お金の価値が落ちていて、趣味に生きることや、人とのつながりがもたらしてくれる体験の価値が、相対的に高まってきているのです。そして、それが幸せに直結しているのですから、給料が上がらないことを嘆く意味などありません。

第5章　人とのかかわりで幸せを感じる

1　つながり過ぎて疲れてない？

流動化する人間関係

全世界のほぼ誰とでも、いつどこでもつながることが可能となった情報社会。仮に1日中家に1人でいたとしても、最低1回は誰かとコミュニケーションする、そんな世の中になりました。

実際に、リアルで会うコミュニケーションだけでなく、オンラインでのコミュニケーションが急速に拡大していて、これからさらにインターネットを介した人との交わりが増えていくことでしょう。

つながる機会、つながるコミュニケーション方法が増えたことで、私たちの人間関係はより複雑なものになりました。同じ家に住んでいながら、スマホを使ってコミュニケーションをとる家族もいるくらいですから、工業社会以前の人から見れば奇妙な光景かもしれません。ほんの数十年でつながる方法は一変しています。

それとともに、かつては固定化されていた人間関係も、極めて流動的になったといえるでしょう。

第2章でも触れたとおり、私たちの遺伝子は狩猟社会に最適化されたままなので、家族や親友中心に人間関係を深めていくわけですが、この家族や親友の中身そのものは、現代は状況に応じて入れ替えていくことも可能となっています。

むしろそのように、流動的に人間関係を動かしていかないと、生きづらい世の中ともいえます。そのくらい、コミュニティーや価値観が多様化し、日々与えられる情報や刺激も増えたので、人と人の関係も一元的ではなくなったのです。かつては意気投合していた人とも、お互いの価値観が変容し、話を交わすのさえ嫌になる、そんなこともあり得るのです。

情報社会で生きる上では、気が合う友達が変わっていくほうが自然であり、いつまでも同じ人と付き合い続けるほうがおかしいのかもしれません。

寂しい面もあるかもしれませんが、今の時代は引きずることなく、変わっていく価値観を理解し、柔軟に人間関係を更新していく意識が必要です。

義理にとらわれて、「心の距離感」を変えられないと、お互い息苦しくなります。軽々しく「一生を添い遂げよう」とか「一生親友でいよう」などとは宣言しないほうがいいかもしれない、そんな世の中です。

気遣い屋ほど苦しむ世界

人間関係が流動化し、コミュニティーの乱立が起きている現代は、他者との交流で苦痛を感じている人が多いように思います。

SNSをチェックせずにはいられない。そんな「SNS病」に冒され、SNS疲れを発症している人もたくさんいるようです。「皆は今何してるかな」「さっきの投稿にコメント来たかな」「こちらのコメントに返信ついたかな」と、ついついツイッターやフェイスブックなどのSNSを開いてしまい、それだけで1日の多くの時間を消費してしまうのは、情報社会に蔓延する現代病の1つといえるかもしれません。

SNSのチェックが楽しくてやれているのならまだいいのですが、「仲間外れにされたくないから」とか、「コメントにすぐ返信しないと相手に悪いから」といった観念からSNSを頻繁に使うのは、本来はやりたくないものまで無理にやってしまっているため、SNSが苦痛の根源になっているかもしれません。

SNS疲れを発症する人は、気遣い屋で、周りのノリに流されやすく、ノーといえなくて、人との距離を適切にとれないタイプの人です。快感よりも苦痛のほうが優っている苦痛優位の中で、SNS関連のコミュニティーにいくつも在籍しています。

情報社会には、情報社会ならではのコミュニケーション方法があります。これが確立できていないと、気遣い屋の方ほど疲れてしまい、苦痛で不幸せな人生を引き寄せることになってしまうでしょう。

そこで、本章では、情報社会における人間関係の構築方法について考えていきます。

流動的で、人とのつながりが薄くなりがちに見られる情報社会ですが、だからこそ、コミュニケーションについて深く考え、人間関係をより上手にマネジメントしていく必要があります。この真髄を学ぶことが、情報社会だけでなく、時代を問わず幸せになるための唯一の方法ともいえるでしょう。

２「心の距離感」に正直でいよう

「親友」「友達」「知人」の定義

１つ前のところで短く触れた「心の距離感」について、より具体的に説明していきましょう。
私たちが周りの人に対して設定する心の距離感というのは、その相手との親密度によって様々ではありますが、ここでは大まかにわかりやすく「親友」「友達」「知人」の３つに分類し、現代流に定義していきます。

現代流といいましたが、私たちが周りに対して抱く心の距離感覚というものは、狩猟社会のころとほとんど変わっていません。

コミュニケーションの比重としては、これももちろん個人差のあるところですが、親友とのコミュニケーションが最も濃く、次に友達、その次に知人のコミュニケーション比重となるはずです。

狩猟社会や農耕社会で考えてみましょう。

自分と濃密な付合いをする、価値観の似ている人たちが「親友」で、おおむね１、２人程度となるでしょう。彼らと共有する時間が、人生の多くを占めていたはずです。

「友達」と呼べる間柄は、狩猟社会であれば狩りや収集へ出かける仲間たち、農耕社会なら一緒

【図表８　「親友」「友達」「知人」人数の比率】

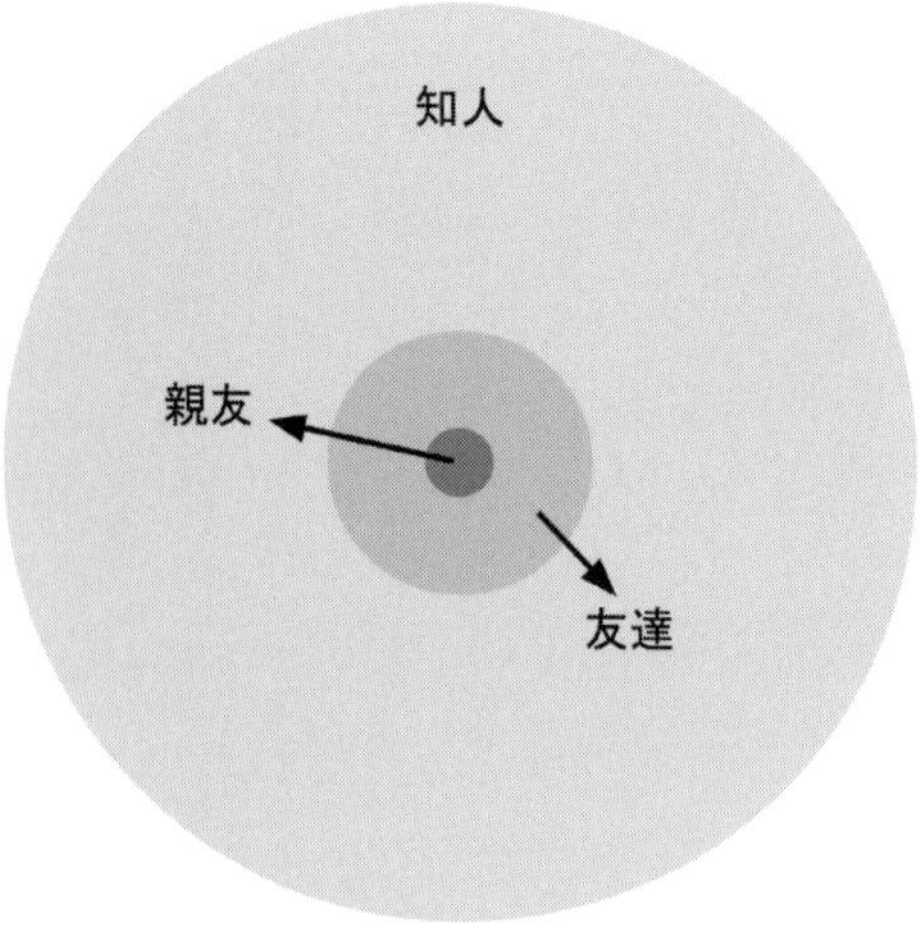

【図表９　「親友」「友達」「知人」コミュニケーションの比率】

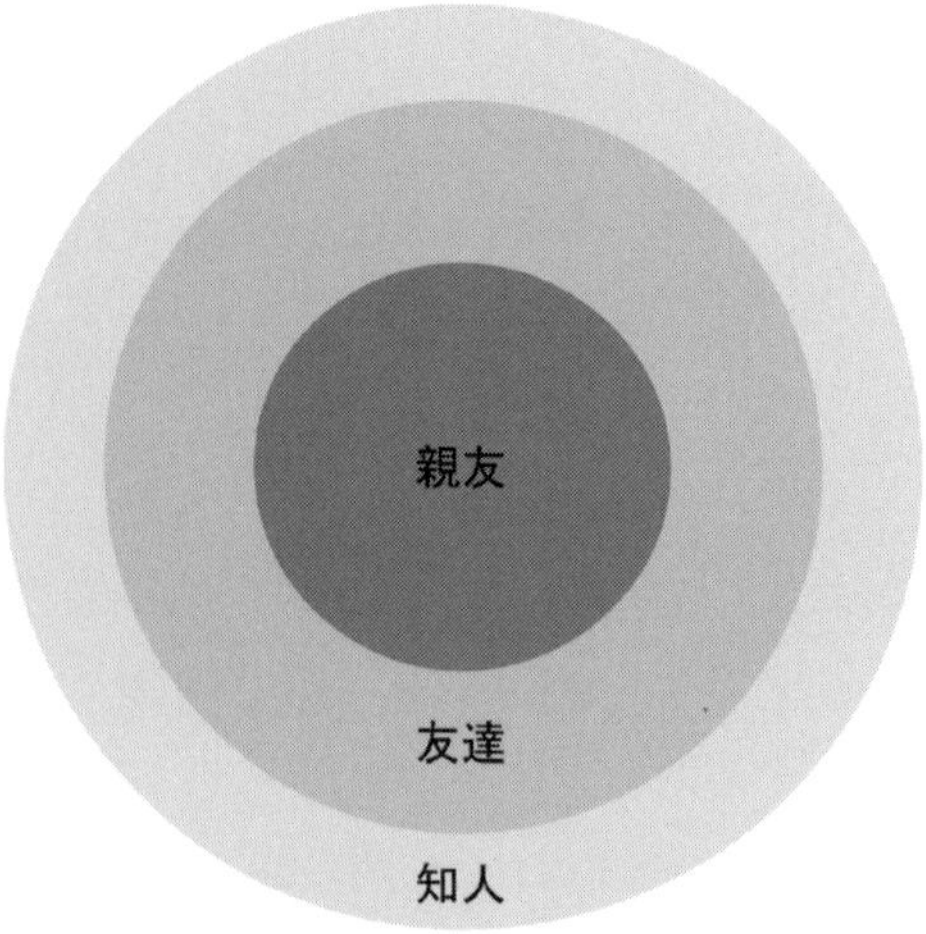

に畑を耕す仲間たちが該当します。

人数としては、多くても10人、20人程度ではないでしょうか。

そして、たまに顔を合わせる程度の付合いの人たち、近くの集落に住む人たちが、「知人」ということになります。

学校コミュニティーで考えると、より「親友」「友達」「知人」のイメージがつきやすくなります。例えば、学校全体の生徒数が３００人だとして、クラスメイト30人のうちの同じグループのメンバーや同じ部活の仲間10人、20人ほどが友達、その中でもとりわけ仲のよい人たちが親友となり、多くてもその数は１人か２人ほどとなります。

残りのおよそ２８０人以上が、コミュニケーションの濃淡こそあれ、知人程度の関係となります。

さて、この定義を現代に当てはめてみましょう。

情報社会では、これらの人間関係を客観的に示してくれる存在があります。それはSNSツールです。私たちは、SNSツールのメッセージ機能を使い、スマホを通じて遠くの人とコミュニケーションをとります。

このメッセージ機能を用いて、グループ内ではなく、「1対1」で直接メッセージのやり取りをする間柄が、友達と定義できそうです。1対1のメッセージ交換ができる相手というのは、心の距離感的にも時間的にも限られています。せいぜい多くても20人や30人くらいの方が多いのではないでしょうか。このような間柄は、現代流でいう友達のくくりになるかと思います。

【図表10　情報社会の「親友」「友達」「知人」の定義】

	情報社会での定義	人数
親友	リアル・インターネット問わず頻繁に交流する価値観の合った間柄	1～2人程度
友達	SNSツールのメッセージ機能にて「1対1」でやり取りをする間柄	20～30人程度
知人	SNSツールでつながっていて、顔と名前が一致するくらいの間柄	上記以外

親友については、このようなSNSツールだけでなく、リアルでも頻繁に交流する、価値観の合った間柄であり、これは今も昔もほとんど感覚としては変わらない心の距離感にある存在だといえます。人数も1人か2人程度でしょう。

これら以外の、SNSツールのグループ内メッセージで発言を交換し合う仲や、顔と名前が一致する程度の間柄が、現代版の知人の定義になります。

SNS友達の9割が知人

このような定義に従うと、SNSでつながっている人たちのほとんどは、知人程度の距離感ということになります。

フェイスブックやラインでつながっている人たちのことを「友達」とアプリ内では総称

していますが、それは友達を拡大解釈し過ぎているように感じます。

「○○さんはラインの友達です」。

といっても、実際には、１度も顔を合わせたことがなかったりする人もいることでしょう。果してそんな人を友達と呼んでもいいものでしょうか。

便宜上、アプリ内で「友達」という呼称にしているだけであり、SNSでつながっている人の多くは知人であることを、共通理念とすべきなのです。

心の距離感の取り方が得意ではない人は、そのような理念を持ち合わせていません。そのため、間違った距離感で接してしまい、周りを困惑させるケースは、SNSコミュニティー内ではしばしば見られる光景です。

友達の間柄だからと言い聞かせ、無理にコミュニケーションをとったがために、トラブルへと発展しまうこともあり、これは現代ならではの社会問題の1つとなっています。

SNSの友達は、9割が知人である。このことをもっと周知させ、正しい距離感でコミュニケーションをとっていくことが、「親友」「友達」「知人」との正しい付合いを達成させ、幸せな生き方へとつながっていくことでしょう。

アプリ内では「友達」という名目であっても、人とのコミュニケーションは、常に、自分の心の中にある距離感に誠実であるべきです。

知人には、あくまで知人の接し方でいましょう。

親友や友達は少ないほうがいい？

情報社会は、SNSの登場によって、友達や知人の人数が可視化されるようになりました。

情報社会のすごいところは、その気になれば多くの人と友達や知人の関係を築くことができることです。しかし、前述のとおり、つながりすぎて疲れてしまう人も少なくありません。大人数の人と友達以上の関係を築けるように、人間はつくられていないのです。

間違えてはいけないのは、魅力的な親友や友達をたくさん得ることが重要なわけではなく、幸せな時間を過ごせるごく少数の親友、数人の友達との関係性が大切であるということです。

本書で一貫して強調しているのは、幸せな体験を共有できる家族や親友を持つことへの意識です。数ではなく体験が幸せの根源となるのですから、親友や友達は少なくても問題ないのです。

「友達はたくさんいないと」「友達とは平等に交流しないと」と頑張ってしまっている人は、この点を改めて見つめ直し、周りとの心の距離感を修正していってください。

3　コミュニティーとの距離の取り方

各コミュニティーの特徴を知る

第1章ではコミュニティーの概要について触れ、コミュニティーの取捨が大事であることを述べました。ここでは、私たちの周りにたくさん存在し、生きていく上では避けて通れないコミュニティーについて、より深く考えていきます。

幸せな時間を一緒に過ごせる、価値観の合った家族や親友と距離を近づけるには、コミュニティーの取捨は欠かせません。スマホの発達により、私たちは大小様々なコミュニティーに所属できるようになったのですから、人類史上かつてないほどコミュニティーの取捨が人生の重要なキーを握っている時代へと突入したことになります。

コミュニティーによっては拘束力があり、離れることが困難なものもあります。例えば、家族コミュニティーや学校コミュニティーがそれに該当します。強い拘束力を持つコミュニティーでは、コミュニティーに属しつつも、その中にいる人たちとどのような距離を保つかが肝心となります。

例えば、家族コミュニティーであれば、父親とは友達の関係、価値観が合う母親とは親友の関係、価値観が合わない弟とは知人の関係というように、コミュニティー内のメンバーごとに心の距離感を設定するわけです。こうすることで、離れることが困難なコミュニティーに属しながらも、苦痛を味わうことなく過ごすことができます。

学校コミュニティーも同様で、1人か2人程度の親友に加え、友達は数名として、残りは知人の心の距離感で接していけば、波風の立ちにくい日々を送ることができるでしょう。

職場コミュニティーの場合、工業社会では学校の延長のような心の距離感の保ち方が適切でしたが、現代の情報社会では人材の流れは流動化しており、コミュニティー内の価値観と全く合わなければ職を変えるという選択もできます。

趣味に関するコミュニティーも欠かせません。趣味コミュニティーは、その趣味が好きな人たちが集まるところなので、必ずしもコミュニティー内での交流が大きなウエートを占めているわけではありません。ですから、所属メンバーに親友や友達がたくさんいる必要はないのです。せいぜい親友や友達が1名程度、あとは知人でもかまわないわけです。コミュニティーの特徴によりけりではありますが、メンバー全員と知人程度の距離感でも、情報社会の人間関係においては普通のことでしょう。

趣味によって様々でしょうが、同じ趣味でもコミュニティーというのは多数あると思うので、価値観が合わなかったり居心地の悪さを感じたのなら、速やかに距離を置いて、ほかのコミュニティーを探せばいいだけです。この点は、家族や職場といったコミュニティーよりも柔軟性に富んでいるといえます。

趣味コミュニティー内では、コミュニティーの価値観に寄せようと必要以上に気遣う振舞いをしても、苦痛で疲れるだけです。価値観の合う居心地のいい場所を探すほうが、情報社会のおかげでコミュニティーがたくさん存在する現代では得策です。

女性の社会進出が推進されて以降、共働き家庭が増え、ご近所付合いは薄くなる傾向にあります。結婚後の女性も職場のコミュニティーを持つことが一般的となってきました。

地域コミュニティーは、知人程度の付合いでも問題のないところが増えていることでしょう。いずれにしろ、地域コミュニティーとは、常に一定の距離感を保ちつつも接する必要があります。

「遠くの親戚より近くの他人」ということわざがありますが、挨拶をする程度の知人はつくっておいてもいいでしょう。

適切な距離感キープが大事

個人差はありますが、家族コミュニティー、職場コミュニティー、趣味コミュニティーなど、私たちは複数のコミュニティーに所属しながら人生を送ることになります。

私たちは、所属するコミュニティーの影響を受けて、絶えず価値観を変化させていきます。価値観の合うコミュニティーとそうでないコミュニティーが出てきたら、コミュニティーを取捨するタイミングが来たことになります。

コミュニティー内での人付合いも同様で、友達程度の付合いだった人が親友になったり、知人程度の間柄になることもしばしばあります。これは、いいとか悪いとかの話ではなく、流動性の激しい情報社会の中では極めて自然なことなのです。

合わないコミュニティーであれば、転職や退会することもできます。家族であっても、離れて暮らすという選択は可能です。

「家族だから親子は仲よくするべき」
「職場の上司には可愛がられなくてはいけない」
「そりが合わない人とも我慢して接しないといけない」

ついこうした既存の固定概念にしばられてしまいがちですが、農業社会や工業社会の固定化せざるを得ないコミュニティー時代ならいざ知らず、情報社会では心の距離感を長めにとることは難しい話ではありません。

同じコミュニティーや別のコミュニティーで、別の人と新しい関係性を構築することができますので、様々な距離感があっても許容されるようになりました。下手に気張らず、自分の価値観と照らし合わせて、コミュニティーを選別し、自分にちょうどいい距離感を保っていきましょう。

4　失敗しないコミュニティー管理術

オープンとクローズド

ここまでは、生活と密着したコミュニティーについて紹介するとともに、その特色や傾向、付合い方について探ってきました。ここで今1度、コミュニティーについて整理し、適切なコミュニティーの管理方法を体系的にまとめていきます。

これまでコミュニティーをいくつか例示してきましたが、これらには大きく「オープンなコミュニティー」と「クローズドなコミュニティー」の2種類がありました。

オープンなコミュニティーとは、コミュニティー内での人の出入りが比較的自由なコミュニティーのことです。

趣味の集まりや、過去に通っていた学校や務めていた職場の仲間のつながりなどが、オープンなコミュニティーの一例です。

リアルやオンラインで集まる会があっても必ずしも参加する必要はありません。途中で抜けることもでき、自由度が高くなっています。

同じコミュニティーの中でも、気の合う人とそうでない人もいます。気の合う人とはより仲を親密にしてもいいでしょうし、気の合わない人とは知人程度の距離感でいることもできます。

つまり、オープンなコミュニティーは、コミュニティー自体との距離感も、コミュニティー内の人たちとの心の距離感も、自分の意思で自由に選択することができます。

情報社会となり、通信技術の発達に伴い、コミュニケーションコストが下がり、オープンなコミュニティーが簡単につくれるようになりました。自分で何か趣味のコミュニティーをつくろうと思えば、SNSを利用して容易にメンバーを募ることができますし、集まりをする際も気安く声をかけることができます。これからの時代はさらにオープンなコミュニティーが量産されていくことでしょう。

一方のクローズドなコミュニティーは、コミュニティー内での人の出入りが制限されています。

家族コミュニティーが最も濃密で、ほかに学校、職場、ご近所付合い、親戚付合いなどが、クローズドなコミュニティーの代表格です。

クローズドなコミュニティーでは、いじめやパワハラや村八分などがあっても、逃れることは容易ではありません。

以前の社会ほど、このクローズドなコミュニティーが、人生に占める割合は大きい傾向でした。とくに狩猟社会では、コミュニティー内の協力なしでは生きられない世界だったので、群れから外れて孤独に生活するという選択肢はあり得ませんでした。

この狩猟社会の遺伝子に基づいて私たちも生活しているので、現代においても、群れから外れることに対して人間は強くストレスを感じるようにできています。

ここは気持ちを強く持つべきところですが、現代では必ずしもクローズドなコミュニティーに縛られる必要はありません。逃げることは容易ではないといいましたが、情報社会では、いじめやパワハラなどから身を守る仕組みが次々と提案実施されています。

クローズドなコミュニティーにいると、「そこから逃げることはできない」「私は助かることができない」と自分を追い込みがちですが、それは狩猟社会の遺伝子が引き起こす、情報社会とは「ずれた」発想です。コミュニティーを抜けて助かる道は必ずあるので、相談できる機関に助けを求めるように動きましょう。

悪い方面から話をしてしまいましたが、クローズドなコミュニティーにもよい面がたくさんあります。半強制的ながら、所属する人たちと心の距離が近くなるため、時間の経過とともにお互いの絆が強くなりやすいです。親友と出会える確率が高いのは、学校や職場など、このクローズドなコミュニティーである場合が多いことからも、その事実がうかがえます。

対するオープンなコミュニティーでは、親友を見つけるには知人から友達、そして親友へと、自分から進んで行動し、心の距離感を縮めていく必要が出てきます。積極的な姿勢や工夫が求められますし、相応のエネルギーが要求されます。

コミュニティーの見直し

情報社会は、クローズドなコミュニティーの存在意義が揺らいでおり、年々減る傾向、もしくは人生の中で占める割合が小さくなってきています。その一方で、オープンなコミュニティーは、様々に増えているのではないでしょうか。今後もこの傾向はより強くなっていくことでしょう。

クローズドなコミュニティーでは、自然と友達や親友がつくりやすく、オープンなコミュニティーでは、比較的友達や親友がつくりにくいという元来の特徴から推察すると、情報社会で、はより一層、親友をつくるための機会や土台が減っているととらえることができます。友達や親友ができるよう、心の距離感を縮めていくべき相手を、意識的かつ効率的に探していくスタンスが必要だということです。

そこで、私たちがコミュニティー管理においてまず大事にしたいことは、次のようになります。

まずは、自分が今所属している各コミュニティーが、オープンとクローズドのどちらかであるか種類分けすることです。加えて、各コミュニティーの現状が、自分にとって居心地のよいものか、価値観の合っている人が多いものかを、総合的に判断しておきましょう。

【図表11　コミュニティー管理術】

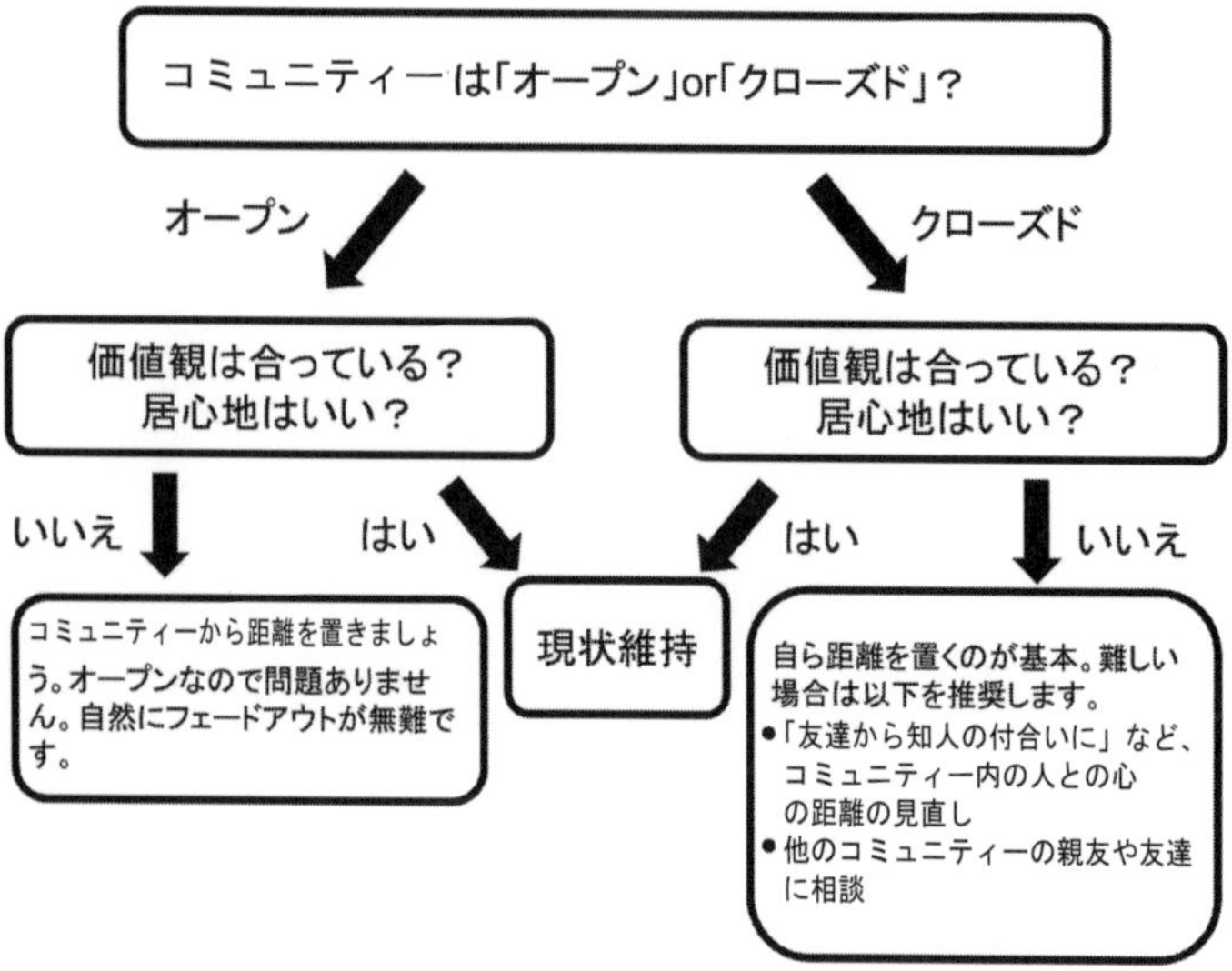

コミュニティーとの付合い方を見直すためのフロー。まずは、必ずオープンかクローズドかの仕分けは行っておきましょう。続いて、自分の価値観と照らし合わせ、居心地のよし悪しを判断し、その後の対応を決めましょう。

オープンかつ合わないコミュニティーについては、長居しても気疲れが増えるだけなので、容赦なく切ってしまうとよいでしょう。オープンなコミュニティーですから、離脱宣言といった正式な取り交わしは必要ありません。意識的に距離を置いていけば、多くの場合は自然と離れることができるでしょう。

クローズドで合わないコミュニティーについても、できるだけ距離を取りたいところでしょうが、オープンなコミュニティーと比べて離れることは容易ではありませんし、離れること自体にリスクがある場合も考えられます。そこで、価値観や人間関係が流動的な現代ですから、今後合うようになってくるかもしれないという展望で付き合っていくのも1つの考え方です。

距離の取り方を見直して、友達として見ていた人を知人程度の付合いにしたり、もしくは親友と呼べる人がいないかを改めてじっくり探してみるのもいいでしょう。

それ以前の問題で、いじめやパワハラなどが横行しているクローズドなコミュニティーであれば、前述のとおり然るべき機関への相談や、もしくは他のコミュニティーの親友や友達に相談してみることも1つの手段になります。

クローズドなコミュニティーであっても、現代であれば完全に離れることも困難ではありません。そこを勘違いして、自分を追い込んでうつになったり自殺してしまう人もいます。決してそのような、自分だけでなく周りをも不幸にしてしまう悲しい結末を迎えることのないよう、コミュニティーを定期的に見直して管理していくようにしましょう。

仮面を被ってコミュニティーに接しない

現代は、コミュニティーが一杯あり、「潰しがきく」ようにできています。

そのようなスタンスでいけば、今は理想的なコミュニティーに所属できていなかったとしても、いずれ価値観の合う人たちがたくさんいて、親友や友達と出会いやすいコミュニティーに行き着くことができるはずです。

そのためにポイントとなるのは、「いい人ぶらない」ことです。何ていうと少し語弊があるかもしれません。言い換えるなら「自分をよく見せ過ぎない」こと、「自然な自分のままでいる」ことです。

無理に自分をつくり込み、仮面を被ってコミュニティーに接すると、いつまでもその仮面を被ったままとなってしまい、心身を消耗してしまいます。自分の本当の価値観とはずれた状態で、意にそぐわないコミュニティーに居座ることになり、苦痛な人付合いをすることになり、不幸せな未来になってしまう場合もあります。

周りも同様に、仮面を被って、皆で無理をしているようなコミュニティーになってしまうかもしれません。

無理をする自分に疲れて仮面を外した途端、あまりのギャップに周りが離れていってしまうという、悲惨な結末も考えられます。

勇気がいることかもしれませんが、常に自分に正直に、ありのままでいましょう。

5　幸せの相乗効果を狙おう

幸せな人のそばが幸せ

ここまで述べてきたとおり、自分の価値観に合った、無理に力を入れず自然体でいられるコミュニティーを選んでいけば、苦痛の少ない生活が実現でき、自ずと幸せな人生が訪れることでしょう。

ここでは、より幸せになれるためのアドバイスとして、幸せの相乗効果が狙える人間関係構築術を説明します。

人間の脳は、無意識に付き合う人間の感情と同調するようにできています。したがって、周りにいる人が幸せか不幸せかで、自分の幸福度も上下することになるのです。

いつも暗そうにしている人が近くにいたら、こちらも気持ちがどんよりしてきそうです。ましてや不幸な話や愚痴の話ばかりされたら、こちらにまで不幸が伝播してきそうです。不幸せな人とは、自然と距離を置きたくなるものです。

幸せに生きている人間の周りには、自然と人が集まり、幸せの相乗効果を感じることができます。逆に、不幸せに生きている人からはどんどん人が離れていき、不幸のスパイラルにはまっていきます。

ですから、できるだけ幸せな人と交流を深めるようにしましょう。そして、自分も幸せな人となり、周りに自然と幸せな人が集まってくるような生活を心がけていきましょう。

不幸せになるために活動しているコミュニティーなんてものはないでしょうが、どうも全体の雰囲気が暗く、不幸せそうな人しかいないコミュニティーというものがあります。こういった集団には近づかないのが身のためでしょう。

所属するコミュニティーを探しているときは、まずは「幸せそうな人が多いかどうか」の視点で見渡してみるのがいいでしょう。そして、実際に接してみて、幸せな人がいたら、その人とはより一層交流を深めて、価値観が合いそうであれば、親友や友達になれるよう心の距離感を近づけていきましょう。

知人が友達になる秘訣

とはいえ、知人から友達へと関係性を強め、さらには親友の関係にまでなるというのは、容易な話ではありません。

ポイントは、同じ時間を長く過ごし、苦楽を共にすることです。

人は、一緒の時間を増やすだけでなく、苦楽を共にすることにより、愛着が生まれ、心の距離感が縮まるようにできています。

例えば、学生時代は、同じ教室で肩を並べ合って、半強制的に同じ時間を過ごしているわけですから、その分愛着が生まれやすく、友達、親友になりやすい環境といえます。学校だけでなく、幼馴染みや会社でも同じようなことがいえます。

当然の話ですが、親友や友達（もしくは親友や友達にしたい相手）が困っていたら、一緒に困難を共有し、助けられる部分があれば見返りなど考えず手を差し伸べましょう。助合いの精神は、ゆくゆくは自分のところへ幸せとして返ってきますし、関係をより深い絆で結んでくれます。幸せの相乗効果がたくさんもたらされるので、この精神は常に持っておきましょう。

親友みたいな人と結婚しよう

交際相手も、幸せの相乗効果をもたらしてくれる大切な存在です。たくさんの時間を共有し合い、苦楽を共にしましょう。

交際相手は、心の距離が近しい存在であるべきですが、実際の距離感というのは個人差があるものです。また、交際スタート時は、「外見が好みだから」という理由で付き合い始めた相手でも、交際を深めていくとともに内面も好きになっていき、価値観も似ていると感じ、親友のようなかけがえのない存在になることもあります。そして、いつからかお互いがお互いを生涯の伴侶として見ていることに気づき、幸せな結婚へとつながります。

時間とともに価値が下がっていきがちな「性的な魅力」だけで相手を選ぶと、時間の経過につれ一緒にいることが苦痛になりがちです。ですから、交際から結婚へと至る相手を見つける際は、価値観や性格の合う親友のような人を探すべきです。

結婚は、人生の幸せな一大イベントに違いはありませんが、親友のような人と結婚することで、さらに幸せへの期待値が上昇します。

家族を大切にしよう

月並みな言葉ですが、家族を大切にしましょう。しかし、大切にするとしても、常に距離を近くし抱きしめるような感覚でいるのではなく、ときには距離を置くことも必要です。

ネットワーク化された情報社会であっても、血のつながりに対する愛着はなくなりません。人類は、自分の遺伝子を後世に伝えることで発展してきました。家族を持つことが幸せに結びつくことを、遺伝子レベルで感じることができるのです。よって家族の絆は、比較的容易に幸せな気持ちにさせてくれます。

家族コミュニティーは、必ずしも濃い付合いをする必要のなくなった時代ですが、やはり家族は大切にし、幸せなコミュニティーを築いてほしいものです。親友、友達、知人、家族との心の距離感は様々でしょうが、特定の距離感にこだわる必要はありません。

私にも娘がいます。今は、友達のような関係で楽しく一緒の時間を過ごすことができているのですが、いずれ親と共有する時間が億劫になったり照れくさくなったりして、「お父さんなんか嫌い」といってくる日が来るかもしれないと覚悟しています。

思春期の子どもの反抗的な態度は、遺伝子に組み込まれていることであり、極めて自然な行動です。そこには、かつての子どもの姿はなく、独り立ちしようとしている、大人への一歩を踏み出した家族がいることを意味しています。「昔はあんなに仲がよかったのに」とへこむのではなく、巣立とうとしている子どもを心の中で大いに祝福し、友達から知人へと、心の距離感を改め、過度な干渉は控えるよう意識したいと思います。

私の家族の話になってしまいましたが、このような心の距離感を柔軟に変えていく意識は、家族コミュニティーの中では必須だと思います。コミュニティーが乱立している現代であれば、その意識はより一層大切になるのではないでしょうか。それが家族全員幸せでいるための秘訣です。

夫婦についても同じことがいえます。親友の間柄だったのが、いつからか友達になり、果ては知人のような関係になることもあります。逆に、何かのきっかけで、突然、友達や親友に戻ることもあります。

「家族は仲がよくて当たり前」というのは、農業社会や工業社会の価値観です。お互いの価値観が合わなくなり、近づきづらい関係になることは、家族の間でも起こることなのです。「距離感があってもいい」というスタンスでいるようにしましょう。

各家族コミュニティーによって距離感はまちまちですから、他の家庭と自分の家庭を比較するのも意味はありません。参考にする程度ならいいですが、「あの家族がしているように、うちの家族もこうあるべきだ」という押つけは合法度になります。

子どもがいる家庭の場合、つい子どものことばかりを優先してしまいがちですが、本当に大切にすべきなのは夫婦の関係です。夫婦の関係をないがしろにしてしまうと、最悪の場合、離婚という悲しい末路を辿ることになってしまいます。これは、子どもにとっても不幸せ以外の何物でもありません。

夫婦がうまくいくよう、心の距離感をコントロールしましょう。常に仲よくすべきという発想は捨て、近づくときは近づき、離れるときは離れるという距離感が重要です。それが結果的に家族コミュニティー全体の雰囲気をよくし、子どもも幸せになれる相乗効果が得られることでしょう。

親は、子どもを選べませんし、子どもも、親を選べません。しかし、人生の伴侶は、選ぶことができます。結局のところ、結婚相手の選び方を間違えないことが大事なのです。親友のような関係で、心に正直なまま一緒の時間を過ごせる結婚相手と出会うのが、家族コミュニティーがいつまでも幸せでいるためのポイントではないでしょうか。

6 幸せな体験はコスパで選ぶべき？

体験の復習が幸せを決める

人は快感を求め、苦痛を避けるようにできています。しかし、快感も苦痛も一時的なものであり、実際のところ、自身の幸せを大きく揺るがすような事態ではありません。人生の幸福度合いにかかわってくることは、長期間にわたって「幸せだ」と感じられる体験たちです。

幸せな体験も、その初回の体験時は快感として得られるわけで、一時的なものに過ぎません。しかし、ここが大事なことなのですが、幸せな記憶としていつまでも心の中に刻み込まれます。

つまり、記憶に刻まれた幸せな体験は、思い起こす度に快感を与えてくれることになります。また、一時的な苦痛を被って立ち直れなさそうになっているときも、これら幸せな体験の快感を「復習」することで、苦痛を中和し、明日を生きる糧とすることもできます。

幸せな体験には様々な効能があり、長期にわたる幸せをもたらしてくれるということです。

体験は、基本、短期記憶の中にあり、思い出として刻むことで長期記憶として保存されます。人生は、山あり谷あり、幸せなことも不幸せなこともあるでしょうが、幸せな体験だけを思い出としてたくさん保存していくことが、幸福な人生を歩む大事な要素となります。

幸せな体験をしているときは、できるだけ写真や動画を撮るなどして、「物としての記憶」も残しておくと、後になって振り返ったときの快感もより増します。また、家族や友達と体験を共有し、後々思い出話に花を咲かせることでも、より大きな快感として振り返ることができるでしょう。

若い頃の幸せな体験はお得

要するに、思い出す度に大きな快感をもたらしてくれる幸せな記憶をどれだけ心に溜め込めるかが、幸福度を決定づけるカギとなるわけです。

年齢を重ねると、体の自由が効かなくなり、運動や遠出などできることが減っていく半面、たくさんの幸せな体験を得ていることになります。それを定期的に思い出すことで、たとえ体に老いを感じていても、大きな幸せに包まれた余生を送ることができます。

これをより「コスパ（コストパフォーマンス、要した費用と得られた対価のバランス）」で突き詰めるとするなら、若いうちにたくさん幸せ体験をしたほうが、年を経るごと思い出す回数も多くなるわけで、お得だということになります。

例えば、60歳に得た幸せな体験と、20歳に得た幸せな体験を比較した場合、間違いなく後者のほ

【図表12　幸せな体験と快感の関係】

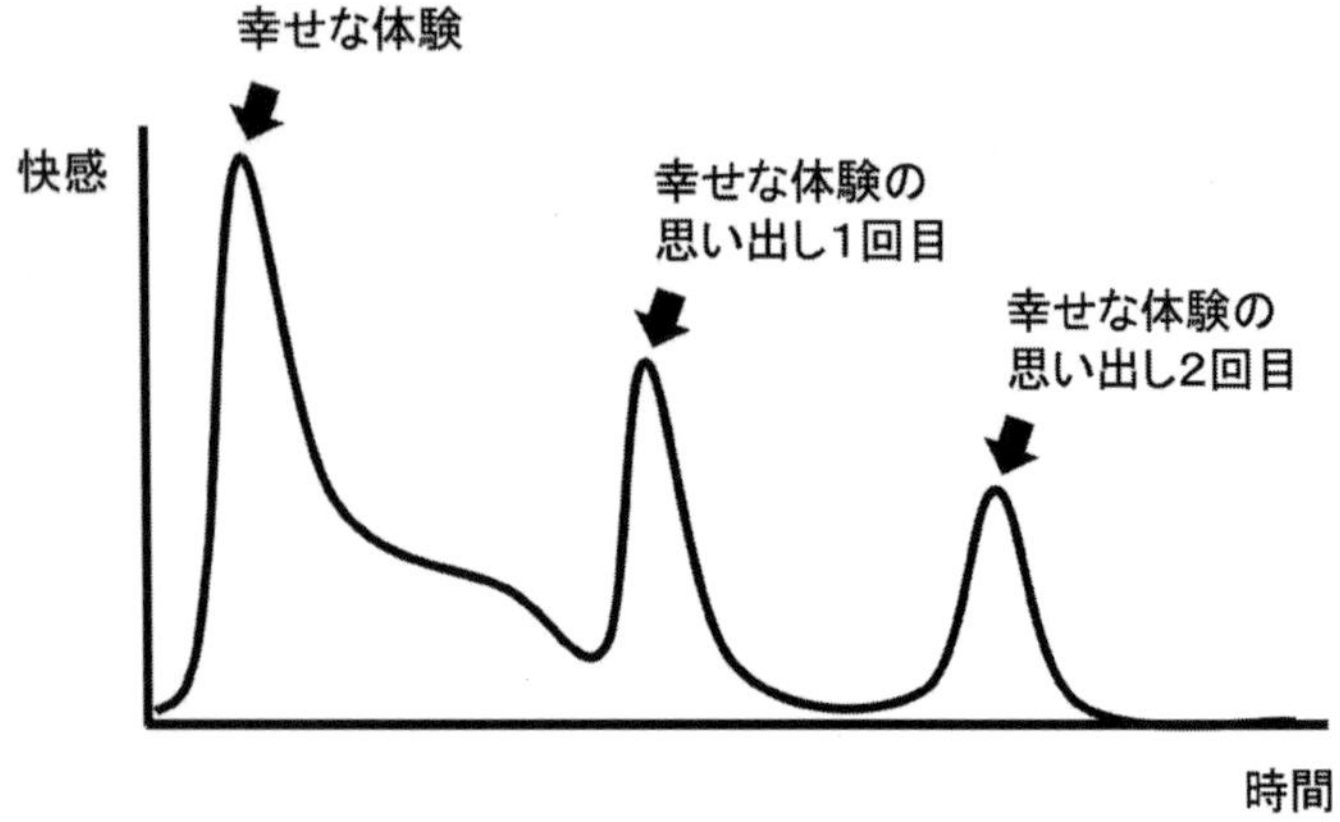

幸せな体験は、体験したときだけでなく、その後も思い出す度、ある程度の快感を呼び戻すことができます。

うが思い出として振り返る回数が多くなります。

ですから、体力のみなぎっている若いうちに、いろいろと果敢に体験してみることがおすすめです。たとえその体験が苦痛という結果だったとしても、短期記憶にとどめて抹消すればいいだけです。快感だった体験だけを思い出として保管していきましょう。

「若いときの幸せな体験は買ってでもしろ」ということになります。

ちなみに「若いときの苦労は買ってでもしろ」という慣用句がありますが、若いときの悪い体験が、悪い思い出となってしまえば、思い出したときにそのとき感じていた苦痛を再度感じてしまいがちです。人によって、悪い体験がトラウマになってしまうこともあります。

決してコスパがいいとはいえませんので、苦労ではなく幸せな体験を求めていくほうがいいでしょう。

総合的なコスパで判断

幸せな体験は、必ずしもお金で買えるものではありませんし、何の前提もなしにすぐ手に入るものでもありません。

そこで重要としておきたいのは、幸せな体験を得るための対価や代償です。これもやはりコスパの概念が重要となります。

例えば、「ドライブに行く」という体験だけを求めるのであれば、高価な車を買う必要はありません。そもそも車自体を買う必要もなく、レンタカーやカーシェアリングを利用してもいいわけです。

あなたが重視しているものが何なのか、自分の価値観とよく照らし合わせる必要があります。物質的な価値ではなく、記憶にとどめる体験的な価値が重要なのであれば、その体験を得るために必要なコスパの優れているものを、対価や代償として支払うといいでしょう。

もちろん、高価なものを買うことの快感を重視していて、買い物体験を思い出す度に快感を得られるのでしたら、高価なものを買うのもいいでしょう。

ただし、高価なものを買うには、その代償として、たくさん稼ぐという苦痛と表裏一体となっていることは忘れてはいけません。幸せ体験を求めるがあまりに、ローン返済地獄に苦しむような、身の丈に合っていない買い物はしないようにしましょう。

効率的に幸せのありかを見つけるには

本章のまとめになりますが、コスパ重視で、なおかつ若いうちからできるだけたくさんの幸せな体験を得たいのであれば、人とのかかわり合いを定期的に見直していく意識が大切になります。

これまでも述べてきたとおり、コミュニティーの取捨は、自身の幸福を大きく左右する重要な要素です。本章「失敗しないコミュニティー管理術」は、人間関係に悩みや疑問を抱いたら、ぜひもう1度読み返して取捨の参考にしてください。

価値観やコミュニティーやコスパなど、様々な観点から人とのかかわり方を説明してきましたが、本質的な部分は難しいものではありません。結局のところは、自分に正直であればいいだけです。「自分にとっての幸せはどこにあるのか」、自分の遺伝子や価値観によって、自然と形成されている幸せの感度に従って、自分の居場所を見つけていくようにしましょう。

幸せな人のいるコミュニティーを選んでいけば、自分も自ずと幸せになれます。自分が幸せなら、周りも幸せになります。その相乗効果が、さらなる幸せを呼び起こしてくれることでしょう。

このことを念頭に置いて実践していれば、幸せな体験をたくさん得ることができ、コスパ抜群の人生を送ることが叶います。もし、今あなたが人とのかかわり合いで窮屈さを感じているのであれば、本章で紹介したことを試してみて、新しい幸せのありかを見つけてください。

第6章　情報社会を幸せに生きていく

1　情報の集め方で人生に差が出る

情報の質を見定めよう

情報社会の昨今、1人の人間では処理できないほど多くの情報があふれています。すべての情報に目を通すのは不可能であり、効率的な情報収集方法を確立することが必要となり、またそのようなスキルを持つ人ほど、情報に踊らされず、充実した人生を送れる世の中になりつつあります。

多くの人が、「何となく」情報を収集していて、本当に有益な情報を収集する仕組みをつくることをしていません。

情報の質は、その人の価値観にも大きく影響を与え、人生の質にも影響を与えます。有益でない低質な情報ばかりを収集していたとしたら、何も自分にプラスの効果をもたらしてくれません。非常にもったいないことです。

情報の集め方を間違うことのデメリットは計り知れません。本来、自分が欲している情報をきちんと集められないという消化不良を起こしてしまいますし、欲しい情報が見つかったとしても、質が悪く、内容のわかりにくいものであったら、自分の中に落とし込むことができません。

情報をたくさん得ることだけで満足してはいけません。情報の質を見定めて、質のよい情報だけを集める心がけが、情報社会では人生の質をも左右しています。

時代によって変わる情報の本質

情報社会の情報の集め方の前に、これまでの社会の情報収集方法がどのようなものであったかを振り返ってみましょう。

情報社会になる前、インターネットのなかった世の中では、テレビ、新聞、雑誌、ラジオなどのマスメディアや、書籍などを通しての情報収集が一般的でした。

テレビやラジオに関しては、情報収集していたというよりは、受動的に情報を受け入れていたという向きが強いかもしれません。必ずしも自分が求めていた情報ではなく、たまたまチャンネルを合わせただけということもあり、質の判断をしない傾向にあったのです。

これらマスメディアは、コストをかけて編集されているため、完成度としてのクオリティは保たれているものの、できるだけ多くの人の興味を引くようにつくられているため、ニーズの少ない専門的な情報は少なく、情報を探し出す検索性にも優れていませんでした。

専門性の高い情報は、企業や研究機関内で「囲込み」をしている状況だったわけです。大学を卒業し、就職してようやく一般の人間は専門的な能力を手にすることができました。

これが情報社会に突入すると、大きく様変わりしています。インターネットが発達したおかげで、情報の入手ルーツはマスメディア以外にも多岐に渡るようになります。スマホを常に持ち歩き、ヤフー検索やグーグル検索などを駆使し、サイトやユーチューブを閲覧し、ツイッターやフェイスブックなどの SNS ツールを活用して、新鮮な情報を安易に収集することができるようになったのです。

ただし、テレビや新聞などと異なり、コストをかけていない情報たちは、編集が行き届いていないこともあり、完成度としてのクオリティはいまいちな傾向です。

とはいえ、ニーズの少ない専門的な情報も、検索にかけることで簡単に集められる時代ですから、工業社会に比べて情報は質と量ともに大きくランクが上がったといえます。

情報収集力を磨こう

情報社会は情報がオープンになった時代です。これまでは限定されていた、範囲内でしか共有されていなかった情報も、多くがインターネット上に転がっているというのは、賛否両論あるかもしれませんが、私は素晴らしいことだと思っています。

これからの時代は、良質な情報を苦労なく集めるテクニックを磨くことが、年代や職位や地位問わず、何よりも大切なことなのです。

2　自動で良質な情報が集まる仕組みをつくろう

「思案」より「収集」を

情報社会では、学校や職場など、所属する組織内の「縦のつながり」だけでなく、インターネットを利用した専門家やプロなどとの「横のつながり」も容易につくれるようになり、情報収集の仕方は無限に提案できるようになっています。

無数の情報にあふれているのですから、自分でうまく情報量を制御し、良質なものだけが流れ込んでくるフィルターを設定する必要があります。

自分でいろいろ思案するのではなく、優秀な頭脳を持った人が考えてアウトプットした、より優れた情報とつながれるほうが効率的で成果につながります。優秀な頭脳を持った人とのつながりを増やすことがポイントなのです。

優秀な頭脳と間接的につながる

それでは具体的に、良質な情報が集まる仕組みづくりを説明しましょう。

私が推奨しているのは、「優秀な頭脳と間接的につながる」方法です。

優秀な頭脳がアウトプットする情報の中で、「とくに厳選された情報だけを収集した頭脳がアウトプットした情報」とつながるようにします。

あえて優秀な頭脳と直接つながらないのは、優秀な頭脳とはいえ、すべてのアウトプットが良質とは限らないからです。情報に対して「目利き力」のある頭脳に厳選してもらうという行程を挟むことで、厳選された良質な情報だけが自分のところへ届くこととなり、効率的な情報収集が達成されます。

優秀な頭脳よりも、優秀な頭脳がアウトプットした情報を厳選している頭脳のほうが、情報を整

【図表13　良質な情報が効率よく集まる仕組み】

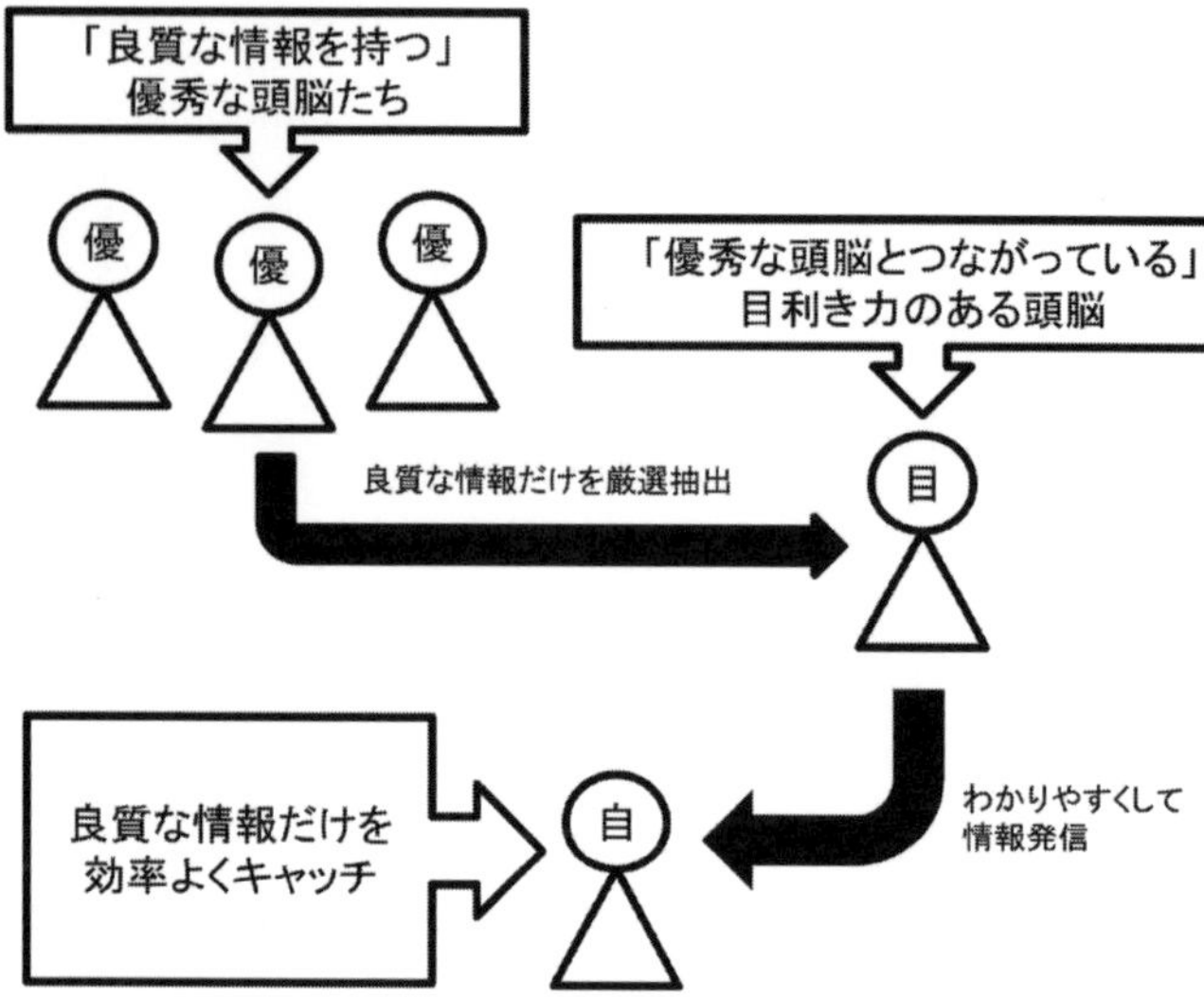

理し、わかりやすく説明する能力に優れている傾向にあります。いかんせん、優秀な頭脳の直接的なアウトプットは、専門的過ぎてわかりにくいことが多々あるものなのです。

例えば、書籍も、専門家が書いた何百ページもある分厚い専門書を読むよりも、専門家から話を聞いてまとめられたエッセンスを凝縮して伝えている本のほうが、理解しやすく、時間をかけずに重要事項を頭に入れていくことができます。

これと同じことが、インターネットという無限の情報群の中でも有効なのです。

ツイッターであれば、その領域の情報収集および発信を継続的に行っているアカウントとつながることからスタートします。ツイッター検索で、自分が求めている情報に紐づいたワード経由で、気になるアカウントを見つけてフォローしていきましょう。

さらに、投稿内容から取捨選択し、フォローを外したりミュートをし、フィルタリングを施していきます。良質な情報を発信しているアカウントを見つけ次第、フォローしたり、外したり、これを繰り返すことで、良質な情報が自動的に集まってくる仕組みをつくることができます。

ツイッターだけではなく、ラインやフェイスブック、ユーチューブやウェブサイトやメールなど、情報社会にもたらされたツールの多くは、膨大な情報でできあがっているものなので、このような取捨が必要となるでしょう。その取捨回数は、今後さらに増し、より重要なこととなります。

3　幸せに生きていくためのおすすめ実践リスト

「健康で楽しく」の最低条件

幸せの具体的な中身は、人によって様々ですが、絶対に欠かせない要素としては、「健康である」ことと、「楽しくある」こと、この2つではないでしょうか。

テクノロジーの進化による医療の発達や生活習慣の見直しによって、健康な人が増えていく社会づくりが推し進められていますが、それでもなお健康面で悩みを抱えている方は多くいます。

健康な体なしでは楽しいことはできません。また、楽しいことを続けているからこそ、健康であるともいえます。健康と楽しさは、幸せに生きる上で外すことのできない存在です。

ここではシンプルに、健康で楽しく生きるために最低限必要なもので、なるべくコスパのいいもの、お金のかからないものを中心に紹介していきます。

まずは運動です。健康に生きる上で運動は欠かすことができません。

ウォーキングやランニングならお金がかかりません。ほかにもスポーツやトレーニングなどの習慣があると、定期的に運動ができ、健康な体を維持できます。

農業社会、工業社会、情報社会と時代を経るにつれ、座っている時間は確実に長くなっています。狩猟社会の遺伝子を持つ私たちは、歩くことや走ることには長けていますが、本質的に座ることは得意ではありません。長時間座るように体がつくられていないので、座れば座るほど腰痛などを引き起こし、不健康になっていきます。幸せな人生を長く送るためにも、運動は必ず生活に取り入れましょう。

運動するだけで、心が落ち着き、爽やかな気持ちになります。ストレッチするだけでも、前向きな気持ちになれます。なるべく気持ちよく楽しめる運動を行いましょう。

運動と並んで大切なのが睡眠です。基礎的なことですが、睡眠をしっかりとることで1日を快適に過ごすことができます。睡眠不足だと、些細なことでも気分が悪くなってしまい不健康です。楽しく1日を過ごすためにも、たっぷり睡眠時間が確保できるよう心がけてください。夜更しは禁物です。

毎日決まった時間に起きる、寝る前はスマホを見ないといった習慣を身につけることが、しっかり睡眠をとることにつながります。

コスパ抜群な健康で楽しいことをしよう

基本、運動と睡眠に気をつけ、あとは栄養が偏り過ぎない程度に食事をしていれば、私たちは健康に楽しく生きるための状態をキープすることができるでしょう。

ここではさらに、コストパフォーマンスに優れていて、なおかつ1人でも行える、健康で楽しく過ごせる方法を思いつくまま挙げていきます。

まず、情報社会によって生み出された数々のツールを使わない手はありません。

SNSを利用したコミュニケーションや情報収集、ホームページやブログを訪問したり、無料動画配信サービスを視聴するなど、インターネットにつながっている環境さえ整っていれば、無料で楽しめるものがたくさんあります。

お金は多少かかりますが、有料動画配信サービスもおすすめです。最新の情報を取り入れたいなら、ニュースアプリを活用するのもよいでしょう。

昔からある楽しみ方にも触れておきましょう。

読書をしたり、自炊をしたり、カフェでまったり時間を過ごしたり、スーパー銭湯でのんびりしたり、マッサージに行ったり。街に散策へ出かけるのもいいです。

最近では、インターネットカフェというのも登場し、年々進化を遂げています。シャワーがついているところもあります。個室タイプは、とくに周りを気にせず快適に過ごせます。カフェ同様、家と異なる環境に身を置くことで気分転換につながります。私も執筆活動をするときは、インターネットカフェへ行くようにしています。

読書は、紙の本だけでなく、電子書籍もあります。スマホやタブレットがあれば、いつでもどこでも好きなだけ読書を楽しむことができます。

昔楽しかったことをもう1度やってみるのもいいでしょう。状況が変わって、楽しくなっている可能性もなきにしもあらずですが、経験上、昔楽しかったことは今やってみても楽しいことが多いです。

もし、楽しいことが見つからなかったら、1回だけ新しいことに挑戦してみるのもよいでしょう。食べたことのない料理は食べてみないと味がわかりません。やってみて初めて楽しいかどうかわかるので、少し億劫でも挑戦してみるようにしましょう。

楽しいことが見つかるまで、いろいろチャレンジしてみることがポイントです。チャレンジすること自体を楽しめたら儲けものです。

楽しめそうな候補を、いろいろと挙げてみましたが、本当に楽しめるかどうかは人それぞれ、価値観次第です。

あくまでも参考としていただき、自分なりに健康に楽しく過ごせる趣味を、焦らず時間をかけて見つけていってください。

4　親は子どもをどのように教育すべきか

子どもは将来へ向けての長期投資

本章の最後に、情報社会における教育の話を述べていきます。

結婚し、子どもができると、人生の楽しみが増えます。将来、子どもが結婚し孫ができれば、老後に孫と楽しく余生を送れるので、充実した幸せな日々となるかもしれません。

子育ては、究極の「人間関係への投資」ともいえます。投資ですので、実ることもあれば実らないこともあるでしょうが、未来に託す楽しみの1つに違いはありません。

工業社会の世の中であれば、日本は終身雇用に守られていたので、なるべく偏差値の高い大学を卒業し、なるべく給料の高い会社に入って、定年まで勤めあげるのが、模範的かつ最も幸せ期待値の高い人生の設計図でした。

しかし、情報社会の今は、変化しつつあります。

価値観やコミュニティーは多様化し、人間関係は流動的となり、人生観も人によって大きく違ってきています。

このような目まぐるしい世の中にあって、親は子どもにどのような教育を施せばいいのでしょうか。

学歴主義はまだまだ健在？

学業の成績が優れている人は、偏差値の高い大学に入りやすい。偏差値の高い大学は、給料の高い会社に入りやすい。つまり、学業の成績が優れている人は、給料が高い傾向にあります。

学業の成績と稼ぐ能力にはある程度の相関関係があることになりますが、たくさん稼いでいる人は、全員、学業の成績が優秀だったかというと、そういうわけでもありません。最終学歴が中学卒業でも、多くの稼ぎを得ている人はたくさんいます。

また、学業の成績と相関関係が強い仕事と、そうでない仕事があることについても忘れてはいけません。

いずれにしろ、たくさん稼げる人になるには、学業の成績以外にも別の能力が必要なのだと思われます。

この「別の能力」というのが具体化されておらず、また時代によっても求められる能力は異なるため、結局のところ、親は子どもの学歴づくりになりがちです。

親が子どもにしきりに「進学したほうがいい」というのは、親の見栄だけではなく、日本の学歴主義がいまだ健在だからであり、偏差値の高い大学へ進学し、お金を稼げる仕事に就き、安定した生活を送って幸せになってほしいと考えているからでしょう。私もその考えについては、間違っていないと思います。

子どもに「稼ぐ能力があるかどうか」がわからないというのは、教育を非常に難しいものにしています。子ども自身も、どの分野に興味があるかはわかっても、どの分野に適性があるのかまではわかりません。

現在の学歴主義の社会システムに問題がないわけではありませんが、新しいシステムが構築される気配は今のところありません。しばらくは学歴主義に従って教育カリキュラムを組んでいくのが無難というわけです。

ちなみに、学歴主義の過激化も手伝い、日本の教育は早期化の傾向にあります。

0歳から6歳までの子どもを教育するには、習い事の費用以外にも、送り迎えや宿題など親の時間をかけなくてはいけないため、出費がかさむ傾向にあります。費用対効果を考えるのなら、たとえば3歳と6歳の子どもが週1回英語をするのであれば、6歳の子どものほうが伸びがよく、費用対効果がよいでしょう。

早期教育プログラムを提供する企業は、「早ければ早いほうがよい」と営業してきたり、中には過剰に不安を煽り、高額な教材を売りつけることもあるので、注意が必要です。

英語であれば、使わなくなれば忘れてしまうため、英語教育を続けていく必要があります。小学生になり中学受験のため英語を勉強しなくなったら、すっかり忘れてしまったというのもよく耳にする話です。

もし、時間とお金に余裕があるのなら、早期教育に投資して、子どもの才能を伸ばしていくのもいいでしょう。

お金に関係なく幸せに生きていける教育を

より情報社会に特化した考えでいえば、現代は給料の上がりにくい時代ですし、たくさん稼げなくても幸せな人生を送る方法が次々と提案されている時代でもあります。

実際、お金をたくさん稼げるようになる人は一握りであり、大多数の子どもが年収300万円から600万円の間に収まります。単純な能力の話だけではなく、運や時代が味方するかどうかによっても、収入に差は出てきます。

幸せに生きていくという観点では、無理して苦痛な仕事をして不幸せになるよりも、普通に仕事をして普通にお金を稼いだほうがよいこともあります。

ですから、お金の稼げる仕事に就ける教育よりは、「お金をかけなくても幸せに生きていける金銭感覚」が身につく教育を優先すべきではないでしょうか。

年収400万円でも、年収600万円でも、同じ幸せを享受しながら生きていけるような金銭感覚が身についていれば、どちらの人生に転がるにせよ、幸せな人生を全うすることができます。

「無理してたくさん働いて、消費し過ぎるのはよくない」。

「お金で交換できる物やサービスが必ずしもよいものとは限らない」。

「大切な人と過ごす体験にこそ、幸せはある」。

このような価値観を教えていくことが、情報社会ならではの教育になります。

おわりに

最後までお読みいただきありがとうございました。

幸せに大きな影響を与えるのは、遺伝子と価値観です。遺伝子は、太古の昔の狩猟社会から変わっておらず、狩猟社会に最適化するようにプログラミングされています。

生まれ持った遺伝子を受け入れつつ、自分の価値観が何を大切にしているのかを知り、自分の価値観に合ったコミュニティーと接しましょう。どのコミュニティーに深くかかわっていくかで、自分自身の価値観形成にも変化が起き、その価値観に応じて自分の幸せの形ができあがっていきます。

クローズドなコミュニティーだけでなく、オープンなコミュニティーが増えてきていますので、自分に合ったコミュニティーが見つかることでしょう。

物質重視価値観、人格重視価値観、趣味重視価値観など、どれもよい悪いはありませんが、最低限の収入で幸せに生きるポイントは、物質重視ではなく人格や趣味を重視した生活を送ることです。

幸せな体験は短期記憶の中にあり、幸せな思い出として刻むことで長期記憶として保存されます。自分と価値観の合う親友、友達とともに、幸せ体験をして、幸せな思い出とともに生きていきましょう。

ホームページでも情報発信しておりますので、ぜひご覧ください。

●蓮池林太郎公式ホームページ　https://www.hasuikerintaro.com/

蓮池　林太郎

著者略歴

蓮池　林太郎（はすいけ　りんたろう）

1981年生まれ。医師、作家。

帝京大学医学部卒業。病院勤務を経て、2009年新宿駅前クリニックを開設。

自身の医者としてのキャリアと、インターネット分野の豊富な知識を掛け合わせ、幸せに生きていくためのノウハウを様々な視点から提案している。

著書に『患者に選ばれるクリニック：クリニック経営ガイドライン』（合同フォレスト）、『なぜ、あなたは結婚できないのか：医者が教える幸せな結婚』『医者が教える病院・医者の選び方』『新型コロナを乗り越える』（いずれもセルバ出版）がある。

蓮池林太郎公式ホームページ（https://www.hasuikerintaro.com/）にて情報発信中。

これからの時代の幸せな生き方

2020年10月14日 初版発行

著　者　蓮池　林太郎 © Rintaro Hasuike
発行人　森　　忠順
発行所　株式会社 セルバ出版
〒113-0034
東京都文京区湯島1丁目12番6号 高関ビル5B
☎ 03（5812）1178　FAX 03（5812）1188
http://www.seluba.co.jp/
発　売　株式会社 三省堂書店／創英社
〒101-0051
東京都千代田区神田神保町1丁目1番地
☎ 03（3291）2295　FAX 03（3292）7687

印刷・製本　モリモト印刷株式会社

●乱丁・落丁の場合はお取り替えいたします。著作権法により無断転載、複製は禁止されています。
●本書の内容に関する質問はFAXでお願いします。

Printed in JAPAN
ISBN978-4-86367-615-2